21 世纪高职高专规划教材·公共基础系列

四川省新世纪教育教学改革项目规划教材

科技文献信息检索与利用

（第 4 版）

时雪峰　陈萍秀　刘艳磊　龚　宏　编著

清 华 大 学 出 版 社
北京交通大学出版社
·北京·

内容简介

本书共分为8章：第1章为文献检索基础知识，介绍信息的概念、类型、特点，以及文献信息检索原理；第2章介绍了网络信息检索技术及常用搜索引擎；第3章为中文图书检索，内容包括工具书及电子图书数据库介绍；第4章为期刊信息检索，介绍了几种国内主要期刊文献信息数据库的使用；第5章为标准文献信息检索，介绍了标准相关知识及标准信息检索；第6章为专利文献信息检索，介绍了专利相关知识及专利信息检索；第7章为科技档案信息检索，介绍了档案相关知识及档案信息检索；第8章为网络开放资源，介绍了网络开放信息资源的特点及资源利用。

本书既可作为三年制工科类高职高专院校学生教材，也可作为高等院校、科研机构、企事业单位科技人员和图书、信息部门有关工作人员参考用书。

本书封面贴有清华大学出版社防伪标签，无标签者不得销售。
版权所有，侵权必究。侵权举报电话：010-62782989　13501256678　13801310933

图书在版编目（CIP）数据

科技文献信息检索与利用／时雪峰等编著. —4版. —北京：北京交通大学出版社：清华大学出版社，2015.10（2018.7重印）
（21世纪高职高专规划教材·公共基础系列）
ISBN 978-7-5121-2398-4

Ⅰ.①科… Ⅱ.①时… Ⅲ.①科技情报-情报检索-高等职业教育-教材 Ⅳ.①G252.7

中国版本图书馆CIP数据核字（2015）第213027号

责任编辑：孙秀翠

出版发行：	清华大学出版社	邮编：100084	电话：010-62776969
	北京交通大学出版社	邮编：100044	电话：010-51686414

印　刷　者：北京时代华都印刷有限公司
经　　　销：全国新华书店
开　　　本：185×230　印张：13　字数：288千字
版　　　次：2015年10月第4版　2018年7月第5次印刷
书　　　号：ISBN 978-7-5121-2398-4/G·258
印　　　数：12 001～15 000册　定价：28.00元

本书如有质量问题，请向北京交通大学出版社质监组反映。对您的意见和批评，我们表示欢迎和感谢。
投诉电话：010-51686043，51686008；传真：010-62225406；E-mail：press@bjtu.edu.cn。

四川省新世纪教育教学改革项目规划教材编委会成员名单

主 任 委 员 周同甫

副主任委员 李秉严　李功成　赵锦棻　周激流

委　　　员（排名不分先后）

刘方健　吕先竞　杨　元　吴为公　杜新中

姜　晓　侯德础　夏继明　时雪峰

秘　　　书 袁学良

出 版 说 明

高职高专教育是我国高等教育的重要组成部分，它的根本任务是培养生产、建设、管理和服务第一线需要的德、智、体、美全面发展的高等技术应用型专门人才，所培养的学生在掌握必要的基础理论和专业知识的基础上，应重点掌握从事本专业领域实际工作的基本知识和职业技能，因而与其对应的教材也必须有自己的体系和特色。

为了适应我国高职高专教育发展及其对教学改革和教材建设的需要，在教育部的指导下，我们在全国范围内组织并成立了"21世纪高职高专教育教材研究与编审委员会"（以下简称"教材研究与编审委员会"）。"教材研究与编审委员会"的成员单位皆为教学改革成效较大、办学特色鲜明、办学实力强的高等专科学校、高等职业学校、成人高等学校及高等院校主办的二级职业技术学院，其中一些学校是国家重点建设的示范性职业技术学院。

为了保证规划教材的出版质量，"教材研究与编审委员会"在全国范围内选聘"21世纪高职高专规划教材编审委员会"（以下简称"教材编审委员会"）成员和征集教材，并要求"教材编审委员会"成员和规划教材的编著者必须是从事高职高专教学第一线的优秀教师或生产第一线的专家。"教材编审委员会"组织各专业的专家、教授对所征集的教材进行评选，对所列选教材进行审定。

目前，"教材研究与编审委员会"计划用2～3年的时间出版各类高职高专教材200种，范围覆盖计算机应用、电子电气、财会与管理、商务英语等专业的主要课程。此次规划教材全部按教育部制定的"高职高专教育基础课程教学基本要求"编写，其中部分教材是教育部《新世纪高职高专教育人才培养模式和教学内容体系改革与建设项目计划》的研究成果。此次规划教材按照突出应用性、实践性和针对性的原则编写并重组系列课程教材结构，力求反映高职高专课程和教学内容体系改革方向；反映当前教学的新内容，突出基础理论知识的应用和实践技能的培养；适应"实践的要求和岗位的需要"，不依照"学科"体系，即贴近岗位，淡化学科；在兼顾理论和实践内容的同时，避免"全"而"深"的面面俱到，基础理论以应用为目的，以必要、够用为度；尽量体现新知识、新技术、新工艺、新方法，以利于学生综合素质的形成和科学思维方式与创新能力的培养。

此外，为了使规划教材更具广泛性、科学性、先进性和代表性，我们希望全国从事高职高专教育的院校能够积极加入到"教材研究与编审委员会"中来，推荐"教材编审委员会"成员和有特色的、有创新的教材。同时，希望将教学实践中的意见与建议，及时反馈给我们，以便对已出版的教材不断修订、完善，不断提高教材质量，完善教材体系，为社会奉献更多更新的与高职高专教育配套的高质量教材。

此次所有规划教材由全国重点大学出版社——清华大学出版社与北京交通大学出版社联合出版，适合于各类高等专科学校、高等职业学校、成人高等学校及高等院校主办的二级职业技术学院使用。

21世纪高职高专教育教材研究与编审委员会

2015年10月

第4版前言

文献信息检索与利用是一门应用性极强的课程，在此之前，已有很多参考教材，较全面地介绍了文献信息检索的基本原理及方法。但纵观现有的系列教材，整体结构大同小异，内容编排上都理论有余，应用不足。尤其对于着重培养实用型、应用型技能人才的高职高专院校而言，更是如此。

为适应高职院校学生文献信息技能学习的需要，本教材突出了实用性的主导思想原则，针对高职学生学习及未来职业生涯的需要精选内容，压缩基础理论，取消国外文献信息检索，增加网络开放信息资源等内容。并以标准信息检索、专利技术信息利用、科技档案资料利用和网络开放存取信息资源等章节为重点，特别注重深度和难度把握，以培养学生迅速获取生产实践中有价值的实用技术信息能力，使本书在培养学生的终身学习技能、技术信息获取意识和能力的特点更加突出。同时结合多种信息检索工具，深度适中地介绍检索技巧、检索方法及对检索结果的有效利用，具有良好的实用性。

教材的生命力在于与时俱进，以适应环境的变化、满足读者需要为使命。《科技文献信息检索与利用》自出版以来，深受广大读者的好评，先后重印并销售51 000册。

本书具有以下几个特点。

（1）注重技术信息获取意识和利用的技能培训，实践性强。深度、难度把握适当。

（2）对各类检索工具的介绍，不同于普通文献信息课教材，而是以技术信息的获取这一全新角度入手，使其更适用于高职院校培养目标的需要。

（3）本版全部更新了各数据库内容及使用，采用了数据库最新界面和功能，增加了网络开放存取信息源的介绍。

（4）努力反映最新信息检索技术及工具情况，特别是在电子网络信息部分，兼顾高职院校实际情况及需要，有选择地介绍。

（5）书中各节检索实例均来自于实际工作。

（6）为解决部分学校检索工具不足的问题，本书教学课件特别注重检索实例演示。教学课件可与作者联系索取，联系邮箱：sccdsxf@126.com　　574797224@qq.com

（7）为保持教材内容与信息环境的一致性，我们将不定期的在适当的周期内对教材内容更新。

本书由时雪峰、陈萍秀、刘艳磊、龚宏编著，主要作者从事高职院校文献信息检索课程讲授20年以上，有丰富的实际教学经验。

本教材各章节编著人员如下：第1、5章，时雪峰；第2、3章，刘艳磊；第4、6章，陈萍秀；第7章，时雪峰、龚宏；第8章，龚宏、时雪峰；本次修订由时雪峰主要负责，此外，张勇同志也参加了本版修订工作。

编写过程中有不妥之处，请各位专家和读者批评指正。

编 者

2015年9月

目录

第1章 文献检索基础知识 (1)

1.1 信息概述 (1)
1.1.1 信息的概念 (1)
1.1.2 信息的特点 (2)

1.2 文献信息 (2)
1.2.1 图书 (2)
1.2.2 期刊 (3)
1.2.3 专利文献 (3)
1.2.4 科技报告 (3)
1.2.5 学位论文 (3)
1.2.6 会议文献 (4)
1.2.7 标准文献 (4)
1.2.8 科技档案 (4)
1.2.9 产品技术资料 (4)
1.2.10 政府出版物 (4)
1.2.11 报纸 (5)
1.2.12 声像资料 (5)
1.2.13 数字出版物 (5)
1.2.14 网络出版物 (5)
1.2.15 移动阅读设备 (6)

1.3 文献的等级 (6)
1.3.1 一次文献 (6)
1.3.2 二次文献 (6)
1.3.3 三次文献 (7)

1.4 文献信息检索的基本原理 (7)
1.4.1 检索工具的类型 (7)
1.4.2 检索语言 (9)
1.4.3 文献检索的途径 (11)
1.4.4 文献检索的步骤 (12)

第 2 章　网络信息资源检索 (16)

2.1　网络信息检索技术 (16)
2.1.1　布尔逻辑检索技术 (16)
2.1.2　截词检索技术 (17)
2.1.3　邻接检索技术 (17)
2.1.4　限制检索技术 (18)
2.1.5　全文检索技术 (18)
2.1.6　表单式检索 (18)
2.1.7　构造检索式 (18)

2.2　网络搜索引擎 (19)
2.2.1　搜索引擎概述 (19)
2.2.2　常用的搜索引擎 (21)

第 3 章　中文图书检索 (40)

3.1　中文工具书及检索 (40)
3.1.1　中文检索工具的类型 (40)
3.1.2　工具书的特点 (41)
3.1.3　工具书的功用 (41)
3.1.4　常用检索工具书简介 (41)

3.2　书刊目录检索系统 OPAC (43)
3.2.1　馆藏目录的查询 (43)
3.2.2　联合目录的查询 (45)

3.3　电子图书 (46)
3.3.1　电子图书概述 (46)
3.3.2　超星数字图书馆 (48)
3.3.3　超星"读秀学术搜索"简介 (53)
3.3.4　方正 Apabi 电子图书——中华数字书苑 (58)

第 4 章　期刊信息检索 (65)

4.1　中文期刊信息资源简介 (65)
4.1.1　期刊的著录特征 (65)
4.1.2　中文期刊检索工具的特点 (65)

4.2　中国知识基础设施（CNKI） (66)

####### 4.2.1 中国期刊全文数据库 …………………………………………… (66)
####### 4.2.2 CNKI使用方法 ………………………………………………… (66)
####### 4.2.3 文献知网节 ……………………………………………………… (74)
4.3 万方数字化期刊全文数据库 ………………………………………………… (76)
####### 4.3.1 《万方数据知识服务平台》简介 ……………………………… (76)
####### 4.3.2 万方数字化期刊全文检索指南 ………………………………… (76)
####### 4.3.3 万方数字化期刊全文库检索结果管理 ………………………… (78)
####### 4.3.4 论文相似性检测系统 …………………………………………… (82)
####### 4.3.5 知识脉络分析 …………………………………………………… (82)
4.4 维普《中文科技期刊数据库》 ……………………………………………… (83)
####### 4.4.1 维普知识资源系统 ……………………………………………… (84)
####### 4.4.2 下载安装阅读器 ………………………………………………… (85)
####### 4.4.3 数据库检索方法 ………………………………………………… (87)

第5章 标准文献信息检索 …………………………………………………………… (104)
5.1 标准概论 ………………………………………………………………………… (104)
####### 5.1.1 标准及标准的特点 ……………………………………………… (104)
####### 5.1.2 标准的编号 ……………………………………………………… (105)
####### 5.1.3 标准的类型 ……………………………………………………… (105)
####### 5.1.4 标准文献 ………………………………………………………… (108)
5.2 中国标准 ………………………………………………………………………… (109)
####### 5.2.1 中国标准的类型和代码 ………………………………………… (109)
####### 5.2.2 中国标准分类 …………………………………………………… (113)
####### 5.2.3 中国标准检索工具 ……………………………………………… (114)
####### 5.2.4 纸质标准文献 …………………………………………………… (116)
####### 5.2.5 电子、网络标准信息检索 ……………………………………… (117)
####### 5.2.6 标准检索举例 …………………………………………………… (119)
####### 5.2.7 小结 ……………………………………………………………… (130)

第6章 专利文献信息检索 …………………………………………………………… (131)
6.1 专利的基本概念 ………………………………………………………………… (131)
####### 6.1.1 专利权、工业产权、知识产权 ………………………………… (131)
####### 6.1.2 专利权的特点 …………………………………………………… (132)
####### 6.1.3 专利的类型及编号 ……………………………………………… (132)

6.1.4　专利文献的含义及种类 ………………………………………………（135）
　　6.1.5　专利文献的特点 …………………………………………………………（136）
　　6.1.6　专利检索的作用和意义 …………………………………………………（137）
6.2　国际专利分类法（IPC） ………………………………………………………（137）
　　6.2.1　概况 ………………………………………………………………………（138）
　　6.2.2　IPC 的体系结构 …………………………………………………………（138）
　　6.2.3　《国际专利分类表关键词索引》简介 ……………………………………（139）
　　6.2.4　《国际外观设计专利分类表》简介 ………………………………………（139）
6.3　专利文献信息检索 ……………………………………………………………（140）
　　6.3.1　专利文献信息检索的概念 ………………………………………………（140）
　　6.3.2　专利文献信息检索 ………………………………………………………（140）
　　6.3.3　专利文献信息检索入口 …………………………………………………（142）
　　6.3.4　专利检索技巧 ……………………………………………………………（143）
6.4　常用国内专利检索系统 ………………………………………………………（146）
6.5　专利文献的利用 ………………………………………………………………（152）

第7章　科技档案信息检索

7.1　科技档案的概念 ………………………………………………………………（155）
7.2　科技档案的属性 ………………………………………………………………（155）
7.3　科技档案的特点 ………………………………………………………………（155）
7.4　科技档案的种类 ………………………………………………………………（157）
7.5　科技档案的作用 ………………………………………………………………（158）
7.6　科技档案的内容 ………………………………………………………………（159）
7.7　科技档案的载体及其类型 ……………………………………………………（164）
7.8　科技档案的分类 ………………………………………………………………（164）
7.9　科技档案的检索 ………………………………………………………………（165）
7.10　科技档案的利用 ………………………………………………………………（172）

第8章　网络开放资源

8.1　网络开放资源的特点 …………………………………………………………（175）
8.2　网络免费资源介绍 ……………………………………………………………（177）
　　8.2.1　政府部门网站 ……………………………………………………………（177）
　　8.2.2　中文在线共享文档 ………………………………………………………（179）
　　8.2.3　行业网站 …………………………………………………………………（184）

8.2.4 公开课、开放课、精品课、慕课 …………………………………（186）
8.2.5 标准 …………………………………………………………………（188）
8.2.6 外语学习 ……………………………………………………………（191）
8.2.7 会议资料 ……………………………………………………………（192）

参考文献 ………………………………………………………………………（193）

第 1 章

文献检索基础知识

文献,是用特定符号记录知识的一切载体的总称。承担汇集和传承人类文化知识的文献,在信息时代的今天,更成为人类社会不可或缺的宝贵资源。信息时代的特点之一是,技术发展促使人们必须不断学习,才能跟上技术发展的步伐,终身学习理念由此产生。而技术发展又使得新信息随时随地产生,并在不断的动态传播中。信息数量的增长,表现在文献上,就是文献数量以惊人的速度迅猛增长,使得人们处于文献信息的海洋中,增加了查找有用信息的难度,人们在查找需要的信息上花费越来越多的时间和精力,掌握快速有效的查找获得有用信息的技能成为信息时代人们的必备技能,科技文献信息检索就是传授如何在巨量的文献信息中,科学、快速、准确地查找到个人所需的有用信息的技能和方法的一门学科。

文献信息检索的检索对象是文献。检索的目的是得到个人所需的有用信息。检索过程中必须借助一系列特殊的工具,如果说文献信息资源是一座巨大的知识宝库,检索工具就是开启宝库的地图和钥匙。掌握检索工具的使用方法和技巧,是本课的主要目的。在人们渴望掌握终身学习技能和资源的今天,掌握开启文献信息资源宝藏的地图和钥匙无疑是首要追逐目标之一。

1.1 信 息 概 述

1.1.1 信息的概念

什么是信息?现代的人们对信息二字已经非常熟悉,信息(Information),中国《信息与文献 术语》(GB/T 4894—2009)中解释为:被交流的知识,也指在通信过程中为了增加知识用以代表信息的一般消息。关于信息的众家学说,美国数学家、信息论的创始人香农认为:信息是有新知识、新内容的消息。而另一位信息论创始人之一维纳认为:信息是区别于物质、能量的第三类资源。

从以上关于信息的定义可以看出,信息是物质存在的一种方式,但又区别于物质和能量。信息是资源的一种,在当代,信息更是最重要的资源。

信息的重要性，已经被所有人认识。信息的争夺，已经成为国际、国家、地区、行业、群体、个人的获取目标。大到世界和平、国家战争，小到个人或者事件成功，无处不显示信息息的作用，所以获取信息就成为当代社会和每一社会成员重要的行动动机和目标。

对于信息的获取和掌握，不同的地区、行业、群体能力不同，人们的需求不同，对信息的关注度和关注类型也不相同，这就产生了信息获取能力的差别。如每个大学生都经历过的高考填报志愿，不同地区、学校、家庭，对报考中如何选择院校、选择志愿，信息掌控和辨别能力不同，由此造成不少的遗憾。而每年都有由于信息不畅造成农产品生产过剩或者滞销损失。这些事例说明，具备一定的信息获取、掌握和分析利用能力，已经成为当代社会每个成员的必备能力。

1.1.2 信息的特点

信息作为一种现代资源，它具有以下特点。

传递性特点，信息通过传递，产生作用，体现价值。通过传递的信息才有生命力和产生价值。

依附性特点，信息存在于口述、书面、广播、电视、存储设备、网络等载体中。

客观性特点，信息是否被感知，它都是客观存在的。

共享性特点，信息可以复制，为众人拥有、共同享用，信息本身不减少，但对于拥有者来说，信息作用产生价值会有影响。

转换性特点，信息可以在多种载体符号，如图像、文字、计算机代码中进行转换。

可加工性特点，信息可以进行加工，经过汇总、整理、归纳，去粗存精。

时效性特点，信息有时效性，也就是在一定时期内有效。所以，需要快速地在有效期内获得信息。

可存储性特点，信息可存储于多种载体中。

掌握信息的特点，可帮助人们更好地获取和利用各种信息。

信息，特别是经过精选的文献信息，是人们重要的信息来源，是终身学习追踪获取的目标资源，也是本课学习和掌握的主要目标。

1.2 文献信息

文献信息，是信息中经过汇集、整理、加工以记录符号存储在载体上的信息。

文献的类型大致可以分为图书、期刊、专利文献、科技报告、学位论文、会议文献、标准文献、科技档案、产品技术资料、政府出版物、报纸、声像资料、数字出版物、网络出版物、移动阅读设备等。各类文献信息介绍如下。

1.2.1 图书

图书是以印刷方式单本刊行的，内容比较成熟、资料比较系统、有完整定型的装帧形式的出版物。图书可分教科书、科普读物、辞典、手册、百科全书等。图书的特点是内容较系统、全面、成熟、可靠,但出版周期较长,报道速度相对较慢。图书重要的外部特征之一是有国际标准书号(ISBN)。如:ISBN 978-7-5121-0414-3。

1.2.2 期刊

期刊是指名称固定、开本一致,汇集了多位著者文章,定期或不定期出版的连续出版物。期刊内容新颖,报道速度快,信息含量大,是传递科技情报、交流学术思想最基本的文献形式。期刊情报约占整个情报源的 60%～70%,它与专利文献、科技图书三者被视为科技文献的三大支柱,也是检索工作中利用率最高的文献源。大多数检索工具也以期刊论文作为报道的主要对象。对某一问题需要深入了解时,较普遍的办法是查阅期刊论文。

期刊重要的外部特征之一是有国际标准刊号(ISSN)。如:ISSN 1001-8867。

1.2.3 专利文献

专利文献主要是指专利说明书,即专利申请人为取得专利权,向专利主管机关提供的该专利的详细说明书。广义的专利文献还包括专利公报(摘要)及专利的各种检索工具。

专利文献的特点是:数量庞大、报道快、学科领域广阔、内容新颖、具有实用性和可靠性。由于专利文献的这些特点,它的科技情报价值越来越大,使用率也日益提高,对于工程技术人员来说,是一种启迪思维、激发技术技巧奇思妙想、掌握行业技术水平的重要信息源。

1.2.4 科技报告

科技报告,又称研究报告和技术报告。是指国家政府部门或科研生产单位关于某项研究成果的总结报告,或是研究过程中的阶段进展报告。报告的特点是各篇单独成册,统一编号,由主管机构连续出版。在内容方面,报告比期刊论文等更专深、详尽、可靠,是一种不可多得的获取最新信息的重要文献信息源。

科技报告可分成技术报告、技术备忘录、札记、通报等几种类型。报告因涉及尖端技术或国防问题等,分绝密、秘密、内部限制发行和公开发行几个等级。国际上著名的科技报告为美国政府的四大报告,即 PB(Publishing Board)报告、AD(ASTIA Documents)报告、NASA(National Aeronautics and Space Administration)报告和 DOE(Department of Energy)报告。

1.2.5 学位论文

学位论文是指为申请硕士、博士等学位而提交的学术论文。学位论文的质量参差不齐,但都是就某一专题进行研究而做的总结,多数有一定的独创性。学位论文对研究课题探讨全面且专深,从中可全面了解题目的整体研究概况。学位论文是非卖品,除极少数以科技报告、期刊论文的形式发表外,一般不出版。目前国内已有万方数据公司的学位论文数据库、中国知网的中国优秀博硕士学位论文全文数据库等,可供查找学位论文使用。

1.2.6 会议文献

会议文献是指各种科学技术会议上所发表的论文、报告稿、讲演稿等与会议有关的文献。会议文献学术性强,往往代表着某一领域内的最新成就,反映了国内外科技发展水平和趋势,其常用的名称有大会(conference)、小型会议(meeting)、讨论会(symposium)、会议录(proceeding)、单篇论文(paper)、汇报(transaction)等。其主要特点是:传播信息及时、论题集中、内容新颖、专业性强、质量较高,但其内容与期刊相比可能不太成熟。

1.2.7 标准文献

标准文献是指标准化工作的文件,是技术标准、技术规格和技术规则等文献的总称。一个国家的标准文献反映着该国的生产工艺水平和技术经济政策,而国际现行标准则代表了当前世界水平。国际标准和工业先进国家的标准常是科研生产活动的重要依据和情报来源。作为一种规章性文献,标准文献具有一定的法律约束力。国际上最重要的两个标准化组织是国际标准化组织(ISO)和国际电工委员会(IEC)。

1.2.8 科技档案

档案是数量最大的一类文献信息。档案的类型很多,其中科技、技术档案是技术人员重要的参考文献。科技、技术档案是指单位在技术活动中所形成的技术文件、图纸、图片、原始技术记录等资料,包括任务书、协议书、技术指标、审批文件、研究计划、方案、大纲、技术措施、调研材料、技术合同等,是生产建设和科研活动中的重要文献。科技、技术档案具有保密和内部使用的特点,一般不公开,有些有密级限制,因此在参考文献和检索工具中极少引用。

1.2.9 产品技术资料

产品技术资料包括产品目录、产品样本和产品说明书。用来介绍产品的品种、特点、性能、结构、原理、用途和维修方法、价格等。是产品安装、使用、维护的最重要的技术资料,是技术人员的工具性资料。产品技术资料作为产品的一部分,由生产厂家随产品一并提供,一般由使用单位的技术档案部门负责管理保存,应注意这类资料的收藏保存。

1.2.10 政府出版物

政府出版物是指各国政府部门及其设立的专门机构发表、出版的文件,可分为行政性文件(如法令、方针政策、统计资料等)和科技文献(包括政府所属各部门的科技研究报告、科技成果公布、科普资料及技术政策文件等)。政府出版物的特点是:内容可靠,与其他信息源有一定的重复。借助于政府出版物,可以了解某一国家和部门的科技政策、经济政策等,而且对于了解其科技活动、科技成果等有一定的参考作用。

1.2.11 报纸

报纸是有固定名称，以刊载各类最新消息为主的出版周期短的定期连续出版物。报纸具有内容新颖、报道速度快、出版发行量大、影响面宽等特点。阅读报纸，是收集最新科技信息的有效途径。但报纸受篇幅限制，报道内容篇幅短小、不详细、不具体、不系统。

以上文献是按文献出版的内容区分，以下几种则是按文献载体或者记录形式区分，即在以下几种载体中的文献，既可以是图书，也可以是报纸，也可以是多种类型同时存在。

1.2.12 声像资料

声像资料是一种非文字形式的文献。传统的声像资料包括录像资料和录音资料。常见的有各种视听资料，如唱片、录音带、电影胶片、激光声视盘（CD-ROM）、幻灯片等，目前多已逐步淡出。

声像资料是指以感光材料为载体，采用光学感光或磁转换技术记录声音和图像的文献信息源。包括电影、幻灯片、唱片、录音带、录像带等。主要特点是直接通过声音和图像传递知识信息。声像资料的特点是能给人以直接的感官感觉，在帮助人们观察科技现象、学习各种语言、传播科技知识等方面有独特的作用。现代信息已经数字化，集文字、图片、音频、视频等一体的现代文献可以通过计算机、手机和手持上网设备等实现阅读。

1.2.13 数字出版物

数字出版物是指以数字代码方式将图、文、声、像等信息存储在磁光点介质上，通过计算机或具有类似功能的设备阅读使用的文献，也称计算机阅读型读物，有信息量大、查找迅速、功能强大的优点，其无与伦比的优点使其近年发现迅速，已成为主要文献类型之一。特别近年推出的电子纸技术，为数字出版物提供了新的载体，计算机、手机、电子阅读器阅读已经成为读者常用的阅读方式。从发展的眼光来看，未来的文献将是数字文献的世界，这个预言的实现并不遥远。

1.2.14 网络出版物

随着计算机技术，特别是网络技术的发展和普及，超文本、超媒体（Hyper-multimedia），集文字、声音、图像于一体的网络出版物通过计算机网络出版发行的正式出版物越来越多。通过互联网，检索者可以从任一节点开始，检索、阅读到各种数据库、联机杂志、电子杂志、电子版工具书、报纸、专利等相关信息。网络为数字文献的传播、利用提供了渠道，使得传统的文献阅读向现代文献阅读发展。

网络出版物的主要特征如下。

① 传递网络化。用户可以通过网络方便地存取、检索与下载，而且不受时间、地点、空间的限制。

② 检索功能强，检索途径多，检索速度快。
③ 发行周期短、内容更新快、信息获取及时。
④ 安全性差，易受计算机病毒及网络"黑客"的攻击。

1.2.15　移动阅读设备

移动阅读设备目前主要为上网笔记本、手机、电子阅读器等。

手机有携带方便，普及率高的无比优势，已成为占领读者零星阅读的首选。但由于屏幕尺寸、文献格式和存储量等原因，多用于等候、旅途、休闲等阅读时段。

上网笔记本，体积、阅读舒适度适中，但存储量大。可安装各类应用软件，功能强大，能作多种用途使用，阅读文献不受格式限制。目前为占领更多的读者阅读空间、时间，正向体积更小、重量更轻、阅读更舒适、价格更低方向发展，以增加与其他移动阅读设备的竞争力。

电子阅读器，有体积小、重量轻、存储量大、阅读舒适等特点。其主要特点是使用电子墨水技术（E-ink）使其阅读舒适感超过纸质文献，由于是专用于文献阅读的设备，其阅读功能非常完善，文献可以听、可以看，字体可变大小，支持图形、彩色、多媒体。且体积小、重量轻、存储资源多，但与其他移动阅读设备相比，由于其功能过于单一，阅读资源保障上存在一定问题，使用群体定位不准确，读者市场占有率低等原因，目前已经处于弱势。

由于移动阅读的便利性，移动阅读将是读者未来的主要阅读选择，而移动阅读设备最终以多功能、携带方便和资源获取便捷者胜出。

1.3　文献的等级

按对文献的加工层次，人们习惯将文献分为一次文献、二次文献、三次文献。了解文献等级的目的是明确不同等级文献的特点，以便于针对性地选取和利用。

1.3.1　一次文献

一次文献是人们直接从生产、科研、社会活动等实践中产生、创作、撰写的原始文献，是获取文献信息的主要来源。一次文献包括期刊论文、专利文献、科技报告、会议录、学位论文、档案资料等，具有创新性、实用性和学术性等特征。

1.3.2　二次文献

二次文献在一次文献的基础上加工后产生的产品，是检索文献时所利用的主要工具。它是将大量分散、零乱、无序的一次文献进行整理、浓缩、提炼，并按照一定的逻辑顺序和科学体系加以编排存储，使之系统化形成的。二次文献具有明显的汇集性、系统性和可检索性，它的重要性在于使查找一次文献所花费的时间大大减少。其主要类型有题录、目录、文摘、索引等。

1.3.3 三次文献

三次文献是对现有成果加以评论、综述并预测其发展趋势的文献。通常是围绕某个专题，利用二次文献检索搜集的大量相关文献，对其内容进行深度加工而成，具有较高的实用价值。属于这类文献的有综述、评论、评述、进展、动态等。

在未来网络、数字文献为主的阅读中，文献发表方式、渠道更多，文献转载、节选等的限制难度加大，因而文献的等级分辨难度极大。

1.4 文献信息检索的基本原理

要在巨量的文献信息中找到所需的文献，必须掌握一定的技能，也就是文献信息检索的技能，并借助检索工具，查找到所需的文献。

1.4.1 检索工具的类型

现代文献信息检索中使用的检索工具，是在传统纸质检索工具基础上发展起来的，沿用了部分格式与方法。

以下检索工具的类型，在文献数据库中会经常见到、用到。一般数据库都会同时提供多种类型的检索工具，以更方便检索。

1. 目录

目录是以单独出版物为报道单位（按"本"报道文献），揭示外表特征的检索工具。目录是图书、期刊或其他出版物外部特征的揭示和报道，它不涉及书中的具体文章，一般只记录外部特征，如书名（刊名）、著者、出版项和载体形态等。目录的种类主要有篇名目录、著者目录、分类目录和主题目录等。

【例1-1】篇名目录

（1）自动切槽机床及其设计

（2）交流变频调速器在机床改造中的应用

（3）数控机床的铸件性能的技术控制

【例1-2】著者目录

（1）郝安林

（2）常正军

（3）李黎

2. 题录

题录是以单篇文献作为报道单位（按"篇"报道文献），揭示文献外表特征的检索工具。

题录报道信息的深度比目录大，是用来查找最新文献的重要工具。

题录报道周期较短，收录范围广，著录较为简单。著录项目通常有文献号（题录号）、文献篇名、作者及工作单位、原文出处（包括刊名、出版年、卷号、期次、起止页码）等，但没有内容摘要。

【例1-3】（1）自动切槽机床及其设计/党金行. —制造技术与机床，2010（1）：21-23.

（2）交流变频调速器在机床改选中的应用/贺洪明（南车资阳机车公司）. —数字技术与应用，2010（5）：90.

（3）数控机床的铸件性能的技术控制/陈红，柴树繁. —金属加工：热加工，2010（11）：26-28.

3. 文摘

以单篇文献作为报道单位，揭示外表特征和内容特征的检索工具。读者通过阅读文摘内容就可以很快地掌握文献的基本内容，从而决定文献的取舍，起到筛选文献的作用。文摘的著录项目是在题录基础上增加了内容摘要项。因此，文摘的检索功能较之题录要强一些。每条文摘都是由题录和文摘正文两部分组成。

【例1-4】（1）自动切槽机床及其设计/党金行 —制造技术与机床，2010（1）：21-23.

介绍一种自动切槽机床。机床采用移动式结构，工作时放置于工件上；主传动系统利用渐开线少齿差行星轮传动结构，仅用两对齿轮就使转速降至1/40；通过主轴与套筒的偏心异步旋转运动构成自动进给系统，使机床的主运动和进给运动巧妙地融为一体。

（2）交流变频调速器在机床改选中的应用/贺洪明（南车资阳机车公司）.—数字技术与应用，2010（5）：90.

介绍了用交流变频系统 SIMODRIVE 611 改造原直流调速系统 V5 的可行性及改造过程中遇到的一些问题和解决办法。

（3）数控机床的铸件性能的技术控制/陈红，柴树繁. —金属加工：热加工，2010（11）：26-28.

机床是装备制造业中的主要产品，也是各行业广泛采用的加工设备。随着汽车、航空航天、军事，以及制造业的整体发展，对机床产品的要求也越来越高，高精数控机床产品成为机床行业的主流，国外的数控机床产品技术水平高、发展速度快。近几年，国内的高档数控机床自主研发能力也不断提高。

可以看出以上3种类型的检索工具对文献的描述和揭示是逐步详尽和加深的。目前的文献数据库大都同时提供这3种类型，使用时可根据需要选择。

4. 索引

索引是揭示具有重要检索意义的内容特征标识或外部特征标识，按照一定顺序排列，并注明文献条目线索的检索工具。

索引是一种附属性的检索工具,主要起检索作用,它不但广泛应用于各种类型的文献中,也广泛应用于各种检索工具中。索引常常附于检索工具的后部,但也有的工具本身全部是由索引构成。索引由索引款目和参照系统两大部分构成。索引款目是索引的主要组成部分。索引由3部分组成:标目、说明语、材料出处或地址。在各文献数据库中都提供多种索引供读者快速查找文献使用,提供得越多,检索越方便。

索引的材料出处或存储地址指明了检索出文献的线索,在文献数据库中,都直接提供全文链接。如无全文,可通过提供的出处线索再查找全文。

如读秀学术搜索中的文献来源,就是使用这种方式。

5. 搜索引擎

搜索引擎是以网页为著录单元,在 Web 中自动搜索信息并将其自动索引到 Web 服务器。索引信息包括文档的地址,每个文档中单字出现的频率、位置等。网络搜索引擎很多,如比较著名的英文搜索引擎 Yahoo!、AltaVista、Infoseek、Lycos、Gopher 等;中文的搜索引擎如百度、搜狐、网易、新浪、搜狗、360 搜索等。

1.4.2 检索语言

检索语言,通俗地说,是读者查找信息时,用以描述自己需要使用的语言、词汇。只有准确地表达自己检索的意图,才能快速、准确地查到需要的信息。目前人们习惯使用一些词汇在百度上查找资料,所用的词汇就是检索语言。下面对几种主要的检索语言进行介绍。

1.《中国图书馆分类法》简介

《中国图书馆分类法》原名《中国图书馆图书分类法》,始编于 1971 年,先后出版了 4 版。1999 年起更名为《中国图书馆分类法》(简称《中图法》),是我国图书馆和情报单位普遍使用的一部综合性的分类法。《中图法》是按文献学科内容进行分类、组织文献的检索语言,文献信息数据库大多提供《中图法》检索文献途径,供读者从学科角度查找、了解该学科下文献信息情况。

《中图法》是在科学分类的基础上,结合图书的特性所编制的分类法。它将学科分 5 个基本部类、22 个大类。采用汉语拼音字母与阿拉伯数字相结合的混合号码,用一个字母代表一个大类,以字母顺序反映大类的次序,在字母后用数字作标记。为适应工业技术发展及该类文献的分类,对工业技术二级类目,采用双字母。

基本序列是:马列主义毛泽东思想、哲学、社会科学、自然科学、综合性图书。

基本大类及二级类目、类号如表 1-1 所示。

表1-1 《中国图书分类法》简表

基本部类	基本大类	二级类目
马列主义、毛泽东思想	A 马克思主义、列宁主义、毛泽东思想	1 马克思、恩格斯著作 /2 列宁著作 /3 斯大林著作 /4 毛泽东著作……
哲学	B 哲学	0 哲学理论 /1 世界哲学 /2 中国哲学 /3 亚洲哲学 /4 非洲哲学 /5 欧洲哲学 /6 大洋洲哲学 /7 美洲哲学……
社会科学	C 社会科学总论	0 社会科学理论与方法论 /1 社会科学现状、概况 /……
	D 政治、法律	0 政治理论 1/3 共产主义运动、共产党 /4 工人、农民、青年、妇女运动与组织 5/7 各国政治 /6 中国政治 /8 外交、国际关系 /9 法律
	E 军事	0 军事理论 /1 世界军事 /2 中国军事 /3/7 各国军事 /8 战略、战役、战术 /9 军事技术
	F 经济	0 政治经济学 /1 世界各国经济概况、经济史、经济地理 /2 经济计划与管理 /3 农业经济 /4 工业经济 /5 交通运输经济 /6 邮电经济 /7 贸易经济 /8 财政、金融
	G 文化、科学、教育、体育	0 文化理论 /1 世界各国文化事业概况 /2 信息与知识传播 /3 科学、科学研究 /4 教育 /8 体育
	H 语言、文字	0 语言学 /1 汉语 /2 中国少数民族语言 /3 常用外国语 /4 汉藏语系 /5/7 各语系
	I 文学	0 文学理论 /1 世界文学 /2 中国文学 /3/7 各国文学
	J 艺术	0 艺术理论 /1 世界各国艺术概况 /2 绘画 /3 雕塑 /4 摄影艺术 /5 工艺美术 /6 音乐 /7 舞蹈 /8 戏剧艺术 /9 电影、电视艺术
	K 历史、地理	0 史学理论 /1 世界史 /2 中国史 /3 亚洲史 /4 非洲史 /5 欧洲史 /6 大洋洲史 /7 美洲史 /81 传记 /9 地理自然
自然科学	N 自然科学总论	
	O 数理科学和化学	
	Q 生物科学	
	R 医药、卫生	1 预防医学、卫生学 /2 中国医学 /3 基础医学 /4 临床医学 /5 内科学 /6 外科学 /9 药学
	S 农业科学	
	T 工业技术	TB 一般工业技术　　TD 矿业工程　　　　TE 石油、天然气工业 TF 冶金工业　　　　TG 金属学、金属工艺　TH 机械、仪表工业 TJ 武器工业　　　　TK 动力工程　　　　TL 原子能技术 TM 电工技术　　　　TN 无线电电子学、电信技术 TP 自动化技术、计算技术　　　　　　　TQ 化学工业 TS 轻工业、手工业　TU 建筑科学　　　　TV 水利工程
	U 交通运输	1 综合运输 /2 铁路运输 /4 公路运输 /6 水路运输
	V 航空、航天	
	X 环境科学、安全科学	
综合性图书	Z 综合性图书	

由于中图法检索语言的扩充性差，普通人使用掌握有一定的障碍，目前文献收藏单位主要用于纸质文献排架使用，这样能保证文献按学科内容集中有序地排列存取，所以读者必须了解一定的中图法知识和原理，才能更好地查找并阅读图书馆丰富的馆藏。

图书馆的文献排架一般使用中图法分类号和同种书排架号组成的索书号进行排列，按中图法分类号顺序排列，分类号相同时按同种书区分号排，同种书区分号有多种，如作者姓名四角号码、种次号等。有些多卷书、连续出版物还另上年代号等区分标识。如下面一组索书号的含义为：

TM1——中图法分类号，内容为电工技术基础类

1038——作者姓名四角号码

V3——此种书为多卷书，如上中下的下册，或者是第三分册等。

由于中图法自身特点而产生的一些限制，比如，如何准确确定文献的分类号等难于掌握，分类号助记性不强等，目前人们检索文献时已经使用不多，但在了解某一学科文献时，使用中图法比较准确、方便且全面。而且由于图书馆的纸质文献排架大多使用中图法分类号作为主要依据，因此了解中图法分类取号知识仍十分必要。

2. 主题语言

主题语言是目前读者检索信息最常用的检索语言，由于其贴近读者日常使用，掌握方便，成为最主要、最常用的检索语言。网络各类搜索引擎、数据库、网站都提供主题语言检索。

（1）关键词语言

关键词是指出现在文献标题、文摘、正文中，对表征文献主题内容具有实质意义的语词，对揭示和描述文献主题内容是重要的、关键性的语词。以关键词作为文献内容标识和检索入口的检索语言称为关键词语言。关键词不受词表控制，适合于计算机自动编制各种类型的关键词索引。由于它易掌握，成为目前的主流检索语言，各搜索引擎、数据库都提供关键检索途径。

（2）纯自然语言

纯自然语言完全使用自然语言，即对一条完整的信息中任何词汇都可以进行检索。它采用全文匹配法检索，主要运用于计算机全文数据库和网络信息检索。

1.4.3　文献检索的途径

文献检索途径的选择需根据题目的已知条件所定，文献检索途径主要有以下几种。

1. 题名检索途径

属于题名检索途径的有书名目录（索引）、刊名索引、篇名索引、标准名称索引、数据库名称索引等，这些可统称为题名索引。

2. 著者检索途径

著者检索途径是指根据已知文献著者来查找文献的途径，它依据的是著者索引。著者索引采用文献上署名的著者、译者、编者的姓名或团体名称作为查找的依据。

3. 分类检索途径

分类检索途径是按照文献资料所属学科（专业）类别进行检索的途径，所依据的检索工具是分类索引。如利用中图法编制的索引。

以上检索途径在计算机检索中大多能同时提供，便于根据需要选择，特别是一些商业文献数据库，其强大的阅读平台能提供更多的检索途径。

4. 主题检索途径

主题检索途径是指通过文献资料的主题内容进行检索的途径。主题检索途径的最大优点是直接性，主题法直接用文字作标题，表达概念准确、灵活，易于理解、熟悉和掌握。而且它把同类主题性质的事物集中起来，突破了分类途径的严格的框架限制，尤其能适应现代科学发展。

1.4.4　文献检索的步骤

文献检索在普通的文献检索中，读者习惯直接使用数据库提供的检索途径查找，并不注意文献检索的步骤和技巧，是经常产生查找不到、查找不准确、查找结果过泛、查找结果不全、查找线索丢失、查找过程无法再现、结果无法核对等现象的主要原因。文献检索的主要步骤如下。

1. 分析研究课题，明确检索要求、时间、范围

分析研究课题的目的在于明确课题所要解决的问题，把握关键，有的放矢。在检索之前，首先应分析课题的内容实质、所涉及的学科范围及其相互关系，明确所要检索的文献内容、性质等，根据检索课题的要点抽出能准确反映课题核心内容的主题概念，明确主要概念与次要概念，并初步确定出逻辑组配。

其次，要根据检索课题的检索目的和要求，确定检索数据库、年限、语种、文献类型等。

目前的学术搜索提供的跨库检索，可对不同类型文献，不限定时代和语种进行全面搜索，但如果限定年限、语种、文献类型等，可缩小检索范围，结果更精确。

确定检索年限主要根据研究课题的背景信息（如起始年代）和研究的高峰期等来确定。一般来说，检索的时间范围应根据检索课题的具体情景而定。如进行查新检索时，就需要检索最近10年的文献，若是纯属掌握动态或解决某一个问题，则以满足需要为准，时间可长可短。

检索语种的范围主要是依据课题的检索范围要求。

确定文献类型时应在主题分析的基础上，根据检索目的和要求，明确课题对检索深度的要求。如果课题属于探讨基础理论性的，则所检索的文献类型应以期刊论文、会议文献的一次文献为主；如果需要查新，则应以检索专利文献为主等。

分析检索的要求是查新、查全？或是查准？需要得到的是题录、文摘、还是全文？根据检索要求，归纳课题已知的检索线索，如专业名词、术语、分类号、主题词、著者姓名等，为下一步检索实践提供准确可靠的依据。

2. 确定检索策略

检索策略具体地说，就是确定检索途径与检索用词，并明确各主题词之间的逻辑关系与查找步骤。

（1）选择检索工具

选择恰当的检索工具，要根据检索题目的内容、性质来确定。主要应从以下几个方面来考虑。

① 从内容上考虑检索工具报道文献的学科专业范围。对此可利用三次文献，如《国外工具书指南》《工具书指南》《数据库目录》等来了解各检索工具（二次文献）的特点、所报道的学科专业范围、所包括的语种及其所收录的文献类型等。

② 选择检索工具时，应以专业性检索工具为主，综合型检索工具进行配合、补充。

③ 在技术和手段上，由于计算机检索系统适应多点检索、多属性检索，检索精度高，应首选机检工具，而且应选择合适的数据库。首选数据量大、收录文献齐、更新速度快、检索途径多、检索结果准确，有深度的、有全文检索功能的数据库。为防止数据库收录不齐、更新速度等原因造成的检索不准确，需多选用几个数据库作互补性检索，不可以一个数据库的检索结果作最终判断。

如果一种检索工具同时具有机读数据库和印刷型文献两种形式，应以检索数据库为主，这样不仅可以提高检索效率，而且还能提高查准率和查全率。

④ 为了避免检索工具在编辑出版过程中的滞后性，必要时应补充查找若干主要相关期刊的现刊，以防漏检。

（2）确定检索途径

检索工具确定后，需要确定检索途径。一般的检索工具都根据文献的内容特征和外部特征提供多种检索途径。各检索途径都有各自的特点和长处，选用何种检索途径，应根据课题的要求及所包含的检索标识，检索系统所提供的检索途径来确定。当检索课题内容涉及面广，文献需求范围宽，泛指性较强时，宜选用分类途径；当课题内容较窄，文献需求专指性较强时，宜选用主题途径；当只知道特别检索标识，如著者姓名、刊物名字、文献标题等时，直接使用检索系统提供的途径。当课题本身包含多项检索标识，选用的检索系统提供的检索途径较多时，应综合应用，互相补充，避免途径单一不足造成漏检。

(3) 优选检索方法

优选检索方法的目的在于寻求一种快速、准确、全面地获得文献信息的检索效果。

(4) 制定、调整检索策略

检索工具、检索途径、检索方法确定后，需要制定一种可执行的方案。计算机检索由于信息提问与文献标识之间的匹配工作是由计算机进行的，必须事先拟定周密的检索策略，即检索式。检索式是检索策略的表述，它能将各检索单元之间的逻辑关系、位置关系等用检索系统规定的组配符连接起来，成为计算机可以识别和执行的命令形式，实施有效检索。但这个检索式不是一成不变的，要把检索结果与检索需求不断地进行判断、比较之后，对检索式进行相应的修改和调整。

3. 查找文献线索

在明确检索要求，确定检索系统，选定检索方法后，就可以应用检索工具实施检索，所获得的检索结果为文献线索。对文献线索的整理、分析、识别是检索过程中极其重要的一个环节，需要做好以下几个方面。

(1) 做好检索记录

做好检索记录的目的在于必要时进行有效核对。包括记录好使用检索工具或者数据库名称、选用的检索途径、检索词；限定的年代、文献类型、学科、专辑；文献题名（书名）、著者姓名及其工作单位、文献出处等。

(2) 关于文献类型的识别

在检索工具中，文摘、题录所著录的文献来源（文献出处）是索取原始文献的关键部分。在检索工具中，文献出处项对摘录的文献类型不加明显区分，需由检索者自己进行辨别。只有识别出文献类型，才能确定该文献可能收藏在何处，查何种馆藏目录，如何借阅和复制。识别文献类型主要依据各种类型文献在检索工具中的著录特征项。

文献类型标识：M—图书、J—期刊、N—报纸。

4. 索取原始文献信息

信息检索的最终目的是获取原始文献。目前多数文献数据库都为全文数据库，可直接检索到文献全文。当使用的是目录型或者题录、文摘型数据库时，检索到的是文献线索。需要根据线索再寻找原始文献全文。目前的文献数据库大多为开放式检索界面，也就是说，检索过程可以不受购买权限限制的进行，仅在下载全文时受限。所以，经常先使用比较著名的数据库查找到所需文献线索，然后再根据线索索取原始全文。

原始文献信息全文的获取方式多种多样。归纳起来有如下几种。

(1) 掌握两种还原法

一是出版物缩写与全称的转换。外文检索工具，其出版物名称多为缩写，应使用相应检索工具所附的"引用出版物目录""出版物一览表"或"来源索引"等还原出版物的全称；二是非拉丁语系出版物名称的还原。当使用西文检索工具得到的文献语种为非拉丁语系文种（如俄文、日文）时，需用音译或字译的规则还原原文语种名称。检索者可利用《俄文字母和拉丁文字母音译对照表以及日文和拉丁文字母音译对照表》等进行还原。

（2）向著者索取原始文献

根据文献线索所提供的著者姓名及其工作单位等可直接与作者联系，索取原始文献。

（3）利用馆藏目录、公共查询系统、联合目录获取原始文献

查找本馆信息的可利用馆藏目录。读者需要的文献若是本馆没有收藏的，就需要借助OPAC和联合目录实施馆际互借。

OPAC，全称为Online Public Access Catalogue System，公共联机书目查询系统，这是利用计算机终端来查询基于图书馆局域网内的馆藏数据资源的一种现代化检索方式。它有两个功能：一是可以通过联机查找为读者提供馆藏文献的线索；二是OPAC检索系统还可以实现预约服务、读者借阅情况查询、发布图书馆公告、读者留言等一系列功能。目前许多图书馆、信息中心都开发了基于Web的馆际互借和文献传递系统，缩短了预约周期。

联合目录如《全国期刊联合目录》，包含了国内近300家主要文献机构收藏的8万种西、日、俄、中文期刊；世界3 000多种外文期刊的目次文摘；还可浏览世界上近百种网上期刊的全文。

（4）利用网上全文数据库获取原始文献

目前许多全文数据库可以为用户提供直接检索。提供中文期刊全文的数据库，如"维普中文科技期刊数据库""中国期刊全文数据库""万方数字化期刊"等；提供中文图书全文的数据库，如"书生之家""超星数字图书馆""方正Apabi"；外文全文数据库，如"Kluwer Journal on Line"ESCO（http://search.china.epnet.com）等。

（5）利用网上全文传递服务检索原始文献

为了满足日益增长的文献需求，文献传递服务应运而生。如"国家科技图书文献中心"（简称NSTL：http://www.nstl.gov.cn）、"OCLC"、"UNCOVER"、Pub-Med/Order（http://www.ncbi.nlm.nih.gov/PubMed）、Calis（中国高等教育文献保障系统），以及各省的文献保障系统及图书馆联盟等均提供文献传递服务。

（6）利用网上出版社、杂志

网上有许多提供电子期刊的网站，如著名的Springer出版社就是其中一例。

（7）利用文摘数据库的原文服务

许多文摘数据库虽然不能直接得到原始文献，但是大多著名的文摘类的检索型数据库都可以提供他们收藏的文献的全文链接，向数据商提出请求即可获得原始文献。

以上步骤是文献信息检索的一般程序。

第 2 章

网络信息资源检索

2.1 网络信息检索技术

信息检索技术是指应用于信息检索过程的原理、方法、策略、设备条件和检索手段等因素的总称。此处主要介绍计算机网络检索技术。

2.1.1 布尔逻辑检索技术

布尔逻辑检索是建立最早的检索理论，也是检索系统中应用最广泛的检索技术，它通过对布尔逻辑运算符进行组配，形成检索式，用以表达用户的检索需求，并通过一定的算法和手段进行检索。目前的搜索引擎、各文献数据库都是以布尔逻辑技术检索为基础进行检索的。

布尔逻辑运算符有 3 种：逻辑与（AND）、逻辑或（OR）、逻辑非（NOT）。这 3 种运算符表示不同的逻辑思想。

逻辑与（AND）是一种用于交叉概念或限定关系的组配，可以缩小检索范围，提高查准率。一般可以使用"*"或"&"来表示。其检索表达式为："A AND B"或"A*B"，表示被检索的文献记录中必须同时含有 A 和 B 才算命中。例如，希望了解数控机床的产品信息，检索式可表达为："数控机床*产品目录"或"数控机床 AND 产品目录"。

逻辑或（OR）是一种用于并列关系的组配，可以扩大检索范围，提高查全率。一般可以使用"+"来表示。其检索表达式为："A OR B"或"A＋B"，即表示检索记录中含有 A 或 B 中的任意一词即算命中。例如，检索计算机算法或程序语言的相关文献，检索式可表达为：计算机算法 OR 计算机程序设计语言。

逻辑非（NOT）是一种表示排斥关系的组配，用于从原来的检索范围中排除不需要的概念或影响检索结果的概念。一般可以使用"－"来表示，其检索表达式为："A NOT B"或"A－B"，即检索结果中含有 A 但不含有 B 的记录。例如，检索除因特网之外的计算机相关文献，则检索式可表达为："computer-Internet"或"computer NOT Internet"。或者，检索四川省以外的高等职业院校，检索式可表达为：高等职业院校 NOT 四川省。

布尔逻辑关系可用图 2-1 表示。

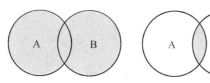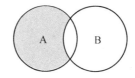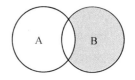

图 2-1 布尔逻辑关系

利用布尔逻辑关系可以构造多层次的布尔逻辑检索式，以表达复杂的检索需求，大大提高检索的查全率和查准率。在执行检索过程中，逻辑运算有其特定顺序，运算符优先顺序为 NOT、AND、OR。也可以利用括号改变其执行顺序。

例如，"工业模具设计与制造"，用布尔逻辑关系来表示其检索式，可构造为：

工业 AND（模具设计 OR 模具制造）

2.1.2 截词检索技术

截词检索就是用截断的词的一个局部进行的检索，并认为凡满足这个词局部中的所有字符（串）的文献，都为命中的文献。按截断的位置来分，截词可有后截断、前截断、中截断 3 种类型。截词检索技术同样广泛应用在各搜索引擎和文献数据库中。

不同的系统所用的截词符也不同，常用的有 ？、$、* 等。截词检索分为有限截词（即一个截词符只代表一个字符）和无限截词（一个截词符可代表多个字符）。下面以无限截词为例说明：

① 后截断，前方一致。如：com* → come、computer、computers、computimy…

② 前截断，后方一致。如：*computer → macrocomputer、minicomputer、microcomputer…

③ 中截断，中间一致。如：*computer* → computer、macrocomputer、minicomputer、minicomputers…

2.1.3 邻接检索技术

邻接检索是指利用一定的专门符号来标识两个检索词在检索结果中出现的位置。避免了布尔逻辑检索中无法区分逻辑与联结起来的两个概念的关联程度。邻接检索有如下 5 种形式。

① 同字段邻接：邻接符号 F（field），检索式为 A（F）B，表示它关联的两个概念 A、B 必须同时在同一字段中出现。例如，environment（F）protection。

② 同自然段邻接：邻接符号 P（paragraph），检索式为 A（P）B，表示它关联的两个概念 A、B 必须同时在同一自然段中出现。例如，environment（P）protection。

③ 同句邻接：邻接符号 S（sentence），检索式为 A（S）B，表示它关联的两个概念 A、B 必须同时在同一自然句中出现。例如，environment（S）protection。

④ 有间断无序邻接：邻接符号 nN，检索式为 A（nN）B，表示它关联的两个概念 A、B 间可插入 0～n 个其他词汇，且两个概念前后顺序不定，其中 n 代表可插入词个数。当 n=0 时，检索式可直接写作 A（N）B。例如，environment（2N）protection，对此检索式，以下词汇组

合均为合法检索词：

environment protection

protection of environment

protection of air environment

protection of water environment

protection of urban environment

protection of the environment

⑤ 有间断有序邻接。邻接符号 nW，检索式为 A（nW）B，表示它关联的两个概念 A、B 间可插入 0n 个其他词汇，但两个概念前后顺序固定，不可改变，其中 n 代表可插入词个数。当 n=0 时，检索式可直接写作 A（W）B。

2.1.4 限制检索技术

限制检索技术就是对检索词范围（时间、国别、语种、信息类型等）进行约束或压缩的方法，它大多通过检索系统的限制符号或限制命令来实现。

2.1.5 全文检索技术

全文检索是以原始记录中词与词之间特定位置关系为检索对象的运算，它不依赖主题词表而直接使用原文中的自由词进行检索，它通过位置算符来确定词与词之间的特定的位置关系。位置算符也叫全文查找逻辑算符，它是为了弥补有些提问检索式难以用逻辑运算符准确表达提问要求的缺陷，避免误检，同时为了提高检索深度而设定的。位置算符还可用来组配带有逻辑算法的检索式、带有前缀和后缀的检索词等。常用的位置算符有 WITH，NEAR 等。

2.1.6 表单式检索

表单式检索，其实是数据库的检索平台，为便于用户使用，将以上检索方式集中，设计成许多明晰易懂的选项，以表单形式提供给使用者，供使用者根据需要选择，免于记检索式的烦琐。如图 2-2 所示。

2.1.7 构造检索式

检索式是检索策略的具体表达，它是将表达主体内容的检索词之间的逻辑关系、位置关系等用检索系统规定的各种算符连接起来，成为计算机可以识别和执行的命令形式。检索式作为人—机交流的入口语言，对检索效率的高低有直接影响，一般可分为简单检索式和复合检索式。简单检索式是指单独使用一个检索词所进行的检索；复合检索式是指将两个或两个以上的检索词用各种逻辑运算符、位置运算符及系统认可的其他符号组配起来的表达式。在计算机检索中，广泛使用复合检索式，可以提高检索效率。

图 2-2 表单式检索

构造检索式分两个步骤：选择检索词、组配检索词。

1. 选择检索词

选择检索词是计算机检索成败的关键。恰当规范的检索词可以为检索者节约大量时间，但绝大多数检索要求的描述语句往往与检索系统中规范的检索词有一定差距，造成检索结果不理想。在进行检索的时候，需要从课题名称及其描述语句出发，认真分析，提取出可作为检索词使用的词组，再对这些词组进行规范处理，如删除多余的修饰成分，最终使得检索使用的词语是最能概括主题概念的、最精练的检索词。

2. 组配检索词

选择好检索用词后，利用各种运算符对所选择的检索词进行组配，以达到更准确的表达检索意图及更精确地显示检索结果的目的。

在组配检索词时，需要注意的是：不同的检索系统，提供使用的运算符不同，不是每个检索系统均支持所有运算符的组配。检索者在组配检索式之前需先了解所使用的检索系统支持的运算符。

2.2 网络搜索引擎

2.2.1 搜索引擎概述

搜索引擎（Search Engine）是随着 Web 信息的迅速增加，从 1995 年开始逐渐发展起来的技术。网上信息大爆炸，使得用户要在如此浩瀚的信息海洋里寻找所需求的信息，必然会像大海捞针，无功而返。搜索引擎正是为了解决这个"迷航"问题而出现的技术。经历了从最早的 Archie 到 Gopher，再到现在所使用的搜索引擎这样一个发展过程。搜索引擎以一定的策略在互联网中搜集、发现信息，对信息进行理解、提取、组织和处理，并为用户提供检索服务，从而起到信息导航的目的。搜索引擎提供的导航服务已经成为互联网上非常重要的网络服务，搜索引擎站点也被美誉为"网络门户"。

1. 搜索引擎的工作原理

搜索引擎的工作主要由两部分组成：信息的收集处理和信息的检索输出。

（1）信息的收集处理

搜索引擎的一个重要工作就是定期搜集信息，并对搜集来的信息进行整理加工，添加至该搜索引擎所指向的数据库。搜索引擎收集信息的主要对象是互联网上的各个网络站点，包括 FTP 和 Gopher 站点。如著名的 Google，就是以网络机器人不停地在网络上搜集信息。

（2）信息的检索输出

对收集的信息进行分析、标引、加工处理后，形成可供用户检索的数据库，并以 Web 形式提供用户检索。用户根据个人需求，结合检索系统条件，选择适当的检索方式、语言提出检索需求，检索软件在接受用户检索需求后，由系统对该需求进行分析，并在数据库中检索与之对应的结果，按相关程度排序后返回给用户。

2. 搜索引擎的分类

搜索引擎按其索引方式的不同，可分为目录式搜索引擎、全文搜索引擎、元搜索引擎等。

（1）目录式搜索引擎

一般又称为网络目录、分类式搜索引擎、主题指南等。它是指收集的网络信息按某种分类法进行加工整理，建立以分类查询和分类导航为主的搜索引擎。以人工方式或半自动方式搜集信息，由专业人员对信息进行分析，人工形成信息摘要，并将信息置于事先确定的分类框架中。信息大多面向网站，提供目录浏览服务和直接检索服务。该类搜索引擎因为加入了人的智能，所以信息准确、导航质量高，缺点是需要人工介入、维护量大、信息量少、信息更新不及时。这类搜索引擎的代表是：Yahoo！、Galaxy、LookSmart、Open Directory、Go Guide 等；国内代表为：中文 Yahoo！、网易、Sina 等。

（2）全文搜索引擎

由一个称为蜘蛛（Spider）的机器人程序以某种策略自动地在互联网中搜集和发现信息，由索引器为搜集到的信息建立索引，检索器根据用户的查询输入检索索引库，并将查询结果返回给用户。服务方式是面向网页的全文检索服务。该类搜索引擎的优点是信息量大、更新及时、无须人工干预，缺点是返回信息过多，有很多无关信息，用户必须从结果中进行筛选。这类搜索引擎的代表是：AltaVista、Hotbot、Excite、Infoseek、FAST、Google 等；国内代表为：Google、百度、天网、若比邻、北极星、OpenFind 等。

（3）元搜索引擎

这类搜索引擎没有自己的数据，而是将用户的查询请求同时向多个搜索引擎递交，将返回的结果进行重复排除、重新排序等处理后，作为自己的结果返回给用户。服务方式为面向网页的全文检索。这类搜索引擎的优点是返回结果的信息量更大、更全，缺点是不能够充分使用所使用搜索引擎的功能，用户需要做更多的筛选。这类搜索引擎的代表是 WebCrawler、InfoMarket 等。

目前，随着搜索引擎技术的不断发展，搜索引擎与目录索引有相互融合渗透的趋势。原来一些纯粹的全文搜索引擎现在也提供目录搜索，如 Google 就借用 Open Directory 目录提供分类查询。而像 Yahoo! 这些老牌目录索引则通过与 Google 等搜索引擎合作扩大搜索范围。在默认搜索模式下，一些目录类搜索引擎首先返回的是自己目录中匹配的网站，如国内搜狐、新浪、网易等。人们对搜索引擎的要求更高，如能直接链接全文资源、一次搜索各类型资源，因此搜索引擎也想摆脱原有的单一搜索功用，向多功能、综合性、全方位发展，并建立和拥有自己的数据资源，形成旗下系列产品（如百度、Google 等）。而一些原有的搜索引擎，如知名的雅虎，则逐步退出搜索引擎市场。

2.2.2　常用的搜索引擎

1. 新浪搜索引擎（http://search.sina.com.cn）

新浪网搜索引擎是面向全球华人的网上资源查询系统。提供网站、网页、新闻、软件、游戏等查询服务。网站收录资源丰富，自建独立的目录索引，分类目录规范细致，是互联网上最大规模的中文搜索引擎之一。由新浪自主研发的"爱问"搜索引擎产品采用了目前最为领先的智慧型互动搜索技术，充分体现了人性化应用理念。2007 年新浪与 Google 在网页搜索领域展开合作，进一步增强了新浪的网页搜索功能。

新浪搜索的界面与百度、Google 相似，从目前主流搜索引擎和后面的文献数据库介绍中可以看出，搜索界面向 Google 搜索界面靠拢是一大趋势。

新浪搜索首页，如图 2-3 所示。

（1）检索途径

新浪搜索同样提供简单搜索和高级搜索两种模式。主界面一框式简单搜索与 Google 和百度很相似，为人们所熟悉习惯。高级检索页面如图 2-4 所示。

高级检索将布尔检索式制作成表单提供，并有多种类聚选择条件，供缩小检索范围、精确检索结果，以方便使用。专设的限定"新闻源检索"显现了新浪搜索的特色。

在仅需要查找某一媒体关于某主题事件报道情况时，可使用此功能，如查找成都商报关于拆迁方面的新闻报道，查找结果如图 2-5 所示。

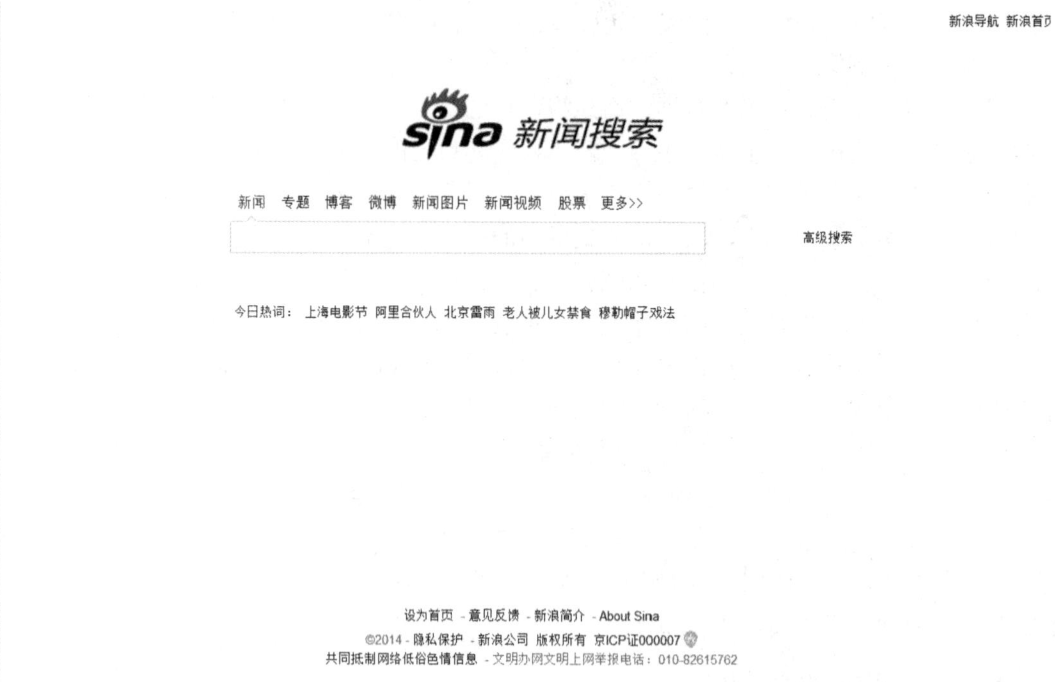

图 2-3 Sina 搜索首页

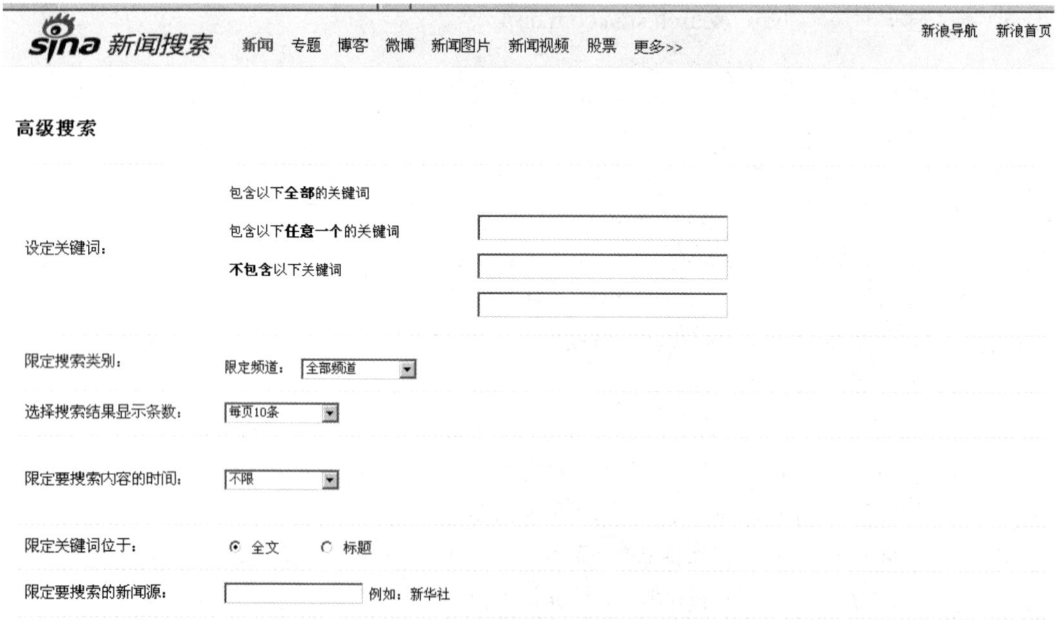

图 2-4 Sina 搜索高级检索页面

图 2-5 搜索新闻源限定检索结果

新浪搜索提供综合性搜索服务，内容包括常规搜索、生活信息、教育机构、理财与投资、实用工具、趣味测算、网络通信服务等。此外，新浪爱问，采用了智慧型互动搜索技术，其内容直达功能，在检索时能自动列出围绕检索条件相关的其他内容，扩大了检索结果。如图 2-6 所示。

图 2-6 Sina 搜索的搜索服务

（2）检索方法和技巧

新浪搜索引擎支持布尔逻辑检索，在新浪搜索主界面搜索框中，允许输入单个词或多个词查询。表示"逻辑与"的关系有多种符号，如空格、逗号、加号和 &。例如，想查询关于西部旅游的网页或新闻，则输入关键词"西部 旅游"或"西部+旅游"或"西部&旅游"。

表示"逻辑非"的关系，使用字符"-"。例如，想查找建筑装饰方面网页或新闻，但不包含室内装潢，输入关键词"建筑装饰-室内装潢"。

表示"逻辑或"的关系：使用字符"|"。例如，想查询关于乒乓球或网球方面的网页、新闻，则输入关键词"乒乓球|网球"。

表示表达式是一个整体单元，使用字符"（）"。例如，想查找计算机方面的网页或新闻，但不包含"软件"与"硬件"，输入关键词"计算机-（软件 硬件）"。

新浪搜索引擎还包含了进阶搜索方式：在 keyword 前加"t"，表示仅搜索网站标题；在 keyword 前加"u"，则表示搜索网站的网址。除此之外，新浪搜索还能更好地支持对数字的查询。

目前，新浪与 Google 合作，直接利用 Google 的搜索功能进行网页检索，因此，Google 的大部分服务在新浪中也可以使用。

（3）其他功能

拼音提示：如果不想输入汉字，或者根本不知道某些字怎么写，可以直接输入拼音，Sina 会提示最可能的汉字组合。如：输入 LIUDEHUA，页面最上方会显示："您是不是要找：刘德华"。另外，大小写对结果没有影响。

错别字提示：如果检索者无意输错检索词，Sina 强大的纠错工具会帮助检索者纠正错误。例如，输入"九寨勾"，页面最上方会显示："您是不是要找：九寨沟"。

网页快照：如果网页无法打开或速度慢，可以单击"网页快照"查看该网页的备份。但一般只保留文本内容。所以，如果您无法链接原网页，那么快照上的图片等非文本内容，将无法显示。

相关搜索：搜索结果不佳，有时候是因为检索者选择的查询词会有多种不同的含义而造成的。如搜索"美容"这个词汇的时候，美容有多种含义，比如汽车美容、整形美容、美容美发等，"相关搜索"就是提供给用户查询不同含义下的检索参考。"相关搜索"排布在搜索结果页的上方和下方，按搜索热门度排序，通过提示词汇的选择，可以更加精确地查找到用户需要的结果。如图 2-7 所示。

此外，新浪搜索还提供 IP 地址、区号、电话号码、股票、人物、天气预报、楼盘等特殊信息查询。

图 2-7 Sina 相关搜索页面

2. Google 搜索引擎（http://www.Google.com.hk）

Google 成立于 1997 年，几年间迅速发展成为目前规模最大的搜索引擎，并向 Yahoo、AOL 等其他目录索引和搜索引擎提供后台网页查询服务。目前 Google 每天处理的搜索请求已达 2 亿次！而且这一数字还在不断增长。Google 数据库存有 80 多亿个 Web 文件，属于全文搜索引擎。Google 允许以多种语言进行搜索，在操作界面中提供多达 30 余种语言选择，包括英语、主要欧洲国家语言（含 13 种东欧语言）、日语、中文简繁体、朝语等。同时还可以在多达 40 多个国别专属引擎中进行选择。

第一次进入 Google，它会根据你的操作系统，确定语言界面。需要提醒的是，Google 是通过 cookie 来存储页面设定的，所以如果你的系统禁用 cookie，就无法对 Google 界面进行个人设定了。如图 2-8 所示。

（1）检索方法及技巧

Google 的首页很清爽，在首页左上方排列了多个功能模块：网页、图片、视频、地图、新闻、在线购物及 GMail，可根据用户习惯或需要调整，如云盘、翻译等。默认是网页搜索。用户在利用 Google 进行检索时，只需在搜索框内输入所要检索内容的关键词，单击"Google 搜索"按钮即可得到检索结果。

Google 支持布尔逻辑检索，用"AND"表示逻辑与关系，但在 Google 查询时不需要键入"AND"，因为 Google 会在关键词之间自动添加"AND"。Google 提供符合检索用户全部查询条件的网页。如果想逐步缩小搜索范围，只需输入更多的关键词。

Google 支持"-"功能，有时候，排除一些关键词比增加关键词更有利于缩小查询范围。Google 支持此项"-"功能，用以有目的地删除某些无关的网页，但减号之前必须留一空格。

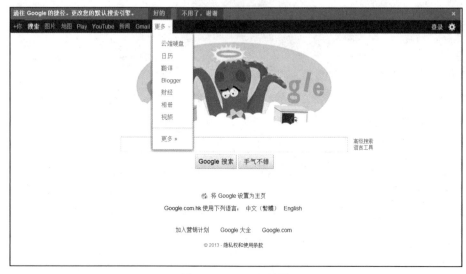

图 2-8 Google 首页

需要注意的是，Google 不支持"OR"搜索，所以 Google 无法接受"或者包含词语 A，或者包含词语 B"的网页。例如，要查询"牛奶"或"鸡蛋"，就必须分两次查询，一次查"牛奶"，一次查"鸡蛋"。Google 不使用"词干法"，也不支持"通配符"（*）搜索，需要输入完整的词语。通常，Google 忽略"http"和"com"等字符，以及数字和单字，此类字词过于频繁出现于大部分网页，不仅无助于查询，而且会大大降低搜索速度。

除利用上述运算符构造检索式进行检索外，也可以利用 Google 的高级检索功能进行更直观的深层检索。如可对检索语言、文件格式、时间、检索词在结果中的位置等进行检索结果的限定。Google 高级检索界面如图 2-9 所示。

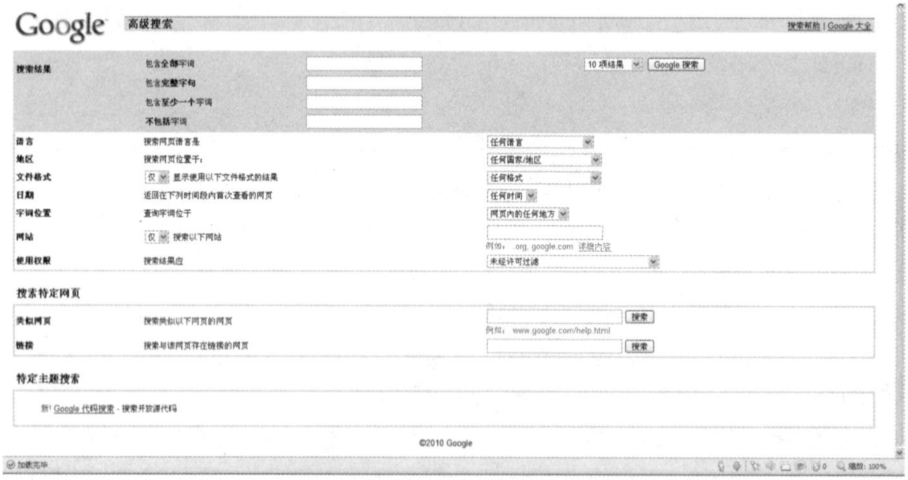

图 2-9 Google 高级检索页面

例如，要检索关于计算机辅助设计的幻灯片，可在高级检索页面中"包含以下全部字词"栏键入"计算机辅助设计"，在"文件格式"栏选择"ppt"，同时为了缩小检索范围，可把检索结果限定在网页标题中，如图 2-10 所示。

图 2-10　Google 高级检索

执行检索，得到如图 2-11 所示的结果。

图 2-11　Google 高级检索结果

（2）Google 的特色服务

① Google 的特殊功能。

● 网页快照：即当搜索内容站点或网页不存在时，用户可以调用 Google 事先为用户储存的大量应急网页,经 Google 处理后,搜索项均用不同颜色标明,另外还有标题信息说明其存档时间日期,并提醒用户这只是存档资料。实际上 Google 将检索的网页都做了一番"快照",然后放在自己的服务器上,这样做的好处是不仅下载速度极快,而且可以获得互联网上已经删除的网页。

● 相似网页:单击"相似网页"链接时,Google 侦察兵便开始寻找与这一网页性质类似的网页,一般都是同一级别的网页。例如,若当前页是某大学的首页,那么 Google 侦察兵就会寻找其他大学的首页。但如果该当前页是某大学计算机科学系,Google 侦察兵就去找其他大学的计算机科学系,而不是其他大学的首页。Google 侦察兵可以"一兵多用"。如果检索者对某一网站的内容很感兴趣,但又觉得信息量不够时,Google 侦察兵会帮您找到其他有类似资料的网站;如果检索者需要寻找某种产品的信息,Google 侦察兵会提供相关信息,供用户比较,作出选择;如果检索者在某一领域做学问,Google 侦察兵会帮助您快速找到大量资料。Google 侦察兵已为成千上万网页找到相似网站,但越是有个性的网页,其相似页就越少。例如,独树一帜的个人主页就很难有相似页。同样,如果某公司有多个网址(如 company.com 和 www.company.com),Google 侦察兵可能无法对某一网址提供足够的信息。但这种情况出现的概率较小。

● 查询电话号码:Google 的搜索栏中最新加入了电话号码和美国街区地址的查询信息,个人如想查找这些列表,只要填写姓名、城市和省份,如果该信息为众人所知,则检索者就会在搜索结果页面的最上方看到搜索的电话和街区地址;还可以通过以下任何一种方法找到该列表:名字(或首位大写字母),姓,电话地区号

名字(或首位大写字母),姓,邮递区号

名字(或首位大写字母),姓,城市(可写州)

名字(或首位大写字母),姓,州

电话号码,包括区号

名字,城市,州

● 查找 PDF 文件:Google 的搜索结果中包括了 PDF 文件。尽管 PDF 文件不如 HTML 文件那么多,但它们经常具备一些其他文件不具备的高质量信息,为了显示一个搜索结果是 PDF 文件而不是网页,PDF 文件的标题开头显示蓝色文本,这就是提醒检索者会启动 Acrtobat Reader 程序来阅读文件。如果检索者使用的计算机没有安装该程序,则计算机会引导您免费下载该程序的网页。使用 PDF 文件时,相关的网页快照会由"TEXT VERSION"代替,它是 PDF 文档的复制文件,该文件除去了所有格式化命令。

● 查找 Flash 文件,只需搜索"关键词 filetype:swf"。Google 已经可以支持 13 种非 HTML 文件的搜索。除了 PDF 文档,Google 现在还可以搜索 Microsoft Office(doc, ppt, xls, rtf)、Shockwave Flash(swf)、PostScript(ps)和其他类型文档。新的文档类型只要与用户的搜索相关,就会自动显示在搜索结果中。例如,如果检索者只想查找 PDF 或 Flash 文件,而不要一般网页,只需搜索"关键词 filetype:pdf"或"关键词 filetype:swf"就可以了。

Google 同时也提供检索者不同类型文件的"HTML 版",方便检索者在即使没有安装相应应用程序的情况下阅读各种类型文件的内容。用"HTML 版"阅读也能帮助检索者防范某些类型的文档中可能带来的病毒。

● 股票报价:用 Google 查找股票和共有基金信息,只要输入一个或多个 NYSE,NASDAQ, AMEX 或共有基金的股票行情自动收录机的代码,也可以输入在股市开户的公司名字。如果 Google 识别出用户查询的是股票或者共有基金,它回复的链接会直接连到高质量的金融信息提供者提供的股票和共有基金信息。在搜索结果的开头显示的是所查询的股市行情自动收录器的代码。如果要查找一家公司的名字(比如,INTEL),请查看"股票报价"在 Google 搜索结果的金融栏里会有那个公司的主页的链接(比如,WWW.INTEL.COM)。Google 是以质量为基础来选择和决定金融信息提供者的,包括的因素有下载速度、用户界面及其功能。

● 查找字典释意:查找字典释意的方法是在搜索栏中输入要查询的内容。在根据检索需求找到的所有字典释意都会标有下划线,位于搜索结果的上面,检索者只需单击链接即可得到相关定义。

● 用 Google 查找地图:想用 Google 查找街区地图,在 Google 搜索栏中输入美国街区地址,包括邮递区号或城市/州(比如 165 大学大街 PALO ALTO CA)。通常情况下,街区地址和城市的名字就足够了。当 Google 识别检索要求是查找地图时,即会反馈给用户高质量地图的链接,用户可直接单击链接找到相关地图。值得注意的是,Google 和使用的地图信息提供者没有任何关联。

为了方便搜索者,Google 提供了工具条,集成于浏览器中,用户无须打开 Google 主页就可以在工具条内输入关键字进行搜索。此外,工具条还提供了其他许多功能,如显示页面 PageRank 等。最方便的一点在于用户可以快捷地在 Google 主页、目录服务、新闻组搜索、高级搜索和搜索设定之间切换。

● 网页翻译:Google 提供了网页翻译功能,但目前只支持有限的拉丁语、法语、西班牙语、德语和葡萄牙文。

● 单词纠错:在输入检索词时,Google 会对输入的检索词进行判断,如果输入有错误, Google 会提示:"您要找的会不会是:*****"。

● 繁简转换:对中文用户而言,常希望能同时检索繁体和简体信息。Google 能做到这一点。 Google 默认使用繁简自动转换功能,因此你输入的简体关键字也将被转换成繁体做检索。这样省了不少力气。当然,如果你不希望这样的话,也可以在"使用偏好"中把这个选项关掉。

● 货币转换:Google 具有内置货币转换器,只需在 Google 搜索框中键入需要完成的货币转换,并单击"回车"键或 Google Search 按钮即可。

② Google 学术搜索。

Google 学术搜索提供可广泛搜索学术文献的简便方法。首页见图 2-12。检索者可以从一个位置搜索众多学科和资料来源:来自学术著作出版商、专业性社团、预印本、各大学及其他学术组织的经同行评论的文章、论文、图书、摘要和文章。Google 学术搜索可帮助检索者在整个学术领域中确定相关性最强的研究。

图 2-12 Google 学术搜索页面

Google 学术搜索提供简单检索及高级检索两种检索途径。简单检索即直接在检索输入框内键入与检索内容相关的关键词，执行检索，即可得相应检索结果。Google 高级检索除关键词外，还提供作者搜索、出版物限制、日期限制、其他操作符等高级限制功能，力求检索结果更加精确。

例如，检索"时雪峰老师关于高职院校图书馆发展的近期相关文章"，利用 Google 学术搜索，如图 2-13 所示。

图 2-13 Google 学术搜索高级检索

执行检索得到如图 2-14 所示的结果。

图 2-14　Google 学术搜索高级检索结果

单击可查看该文章摘要信息，如图 2-15 所示。

图 2-15　Google 学术搜索高级检索结果

检索结果直接链接到收录该文章的期刊数据库，如读者有该数据库访问权限，则可直接下载阅读。

③ Google 实验室。

2002 年，Google 率先创立了开启公共实验室的先例，Google 实验室经常打造出被公众认为是全新献礼的特性与服务。在"Google 实验室（Google Labs）"中，收录了许多发展中的技术以供用户测试使用，任何用户都可以对自己所使用的产品提供任何建议，同时，Google 也得到了许多用户提供的改进方案。

Google 还有许多非常有用的产品，可以在 Google 主页单击"更多"，进入产品大全，进行体验。

3. 百度——baidu（http://www.baidu.com）

百度公司（Baidu.com，Inc）于 1999 年年底成立于美国硅谷，它的创建者是在美国硅谷有多年成功经验的李彦宏先生及徐勇先生。2000 年 1 月，百度公司在中国成立了它的全资子公司——百度网络技术（北京）有限公司。百度的起名，源于"众里寻她千百度"和突破"事儿做到九十九度就是做到头"的西方说法，百度就是想要力争做到一百度，做到顶上开花的境界。百度目前已经被誉为全球最大的中文搜索引擎，在其中文搜索引擎流量中，百度已经占比例为 70%以上，远远高于 Google，国内多家大型网站采用了百度引擎，包括新浪、搜狐、263、Tom、炎黄在线、Chinaren、赛迪网、清华大学、21CN、硅谷动力、PC-online、腾讯等，可见其影响力。

百度搜索引擎由 4 部分组成：蜘蛛程序、监控程序、索引数据库、检索程序。门户网站只需将用户查询内容和一些相关参数传递到百度搜索引擎服务器上，后台程序就会自动工作并将最终结果返回给网站。

百度搜索引擎使用了高性能的"网络蜘蛛"程序自动在互联网中搜索信息，可定制、高扩展性的调度算法使得搜索器能在极短的时间内收集到最大数量的互联网信息。百度在中国各地和美国均设有服务器，搜索范围涵盖了中国及北美、欧洲的部分站点。百度搜索引擎拥有目前世界上最大的中文信息库，总量达到 6 000 万页以上，并且还在以每天几十万页的速度快速增长。如图 2-16 所示。

百度不断地扩大其产品和服务功能，并拥有了自己的信息资源，如文库、百度知识、百度学术等。

（1）检索途径

使用百度搜索引擎，最常用的是关键词检索途径。百度的首页很简洁，在检索输入框上方排列了十几项功能模块，如新闻、网页、贴吧、知道、音乐、图片、视频、文库、百科和地图等。默认是网页搜索。用户在利用百度进行检索时，只需在搜索框内输入所要检索内容的关键词，单击"百度搜索"按钮即可得到检索结果。

同时，除默认的网页搜索外，百度的关键词检索还可选择其他功能模块内容。如用鼠标单击"音乐"，则检索页面显示如图 2-17 所示。在该检索页中，提供视频、新歌热歌、歌词、手机版 PC 版下载、全部音乐及其他格式选项，用户可以对所要检索的音乐进行限定。同时，还提供歌曲 TOP500、歌手 TOP200、歌手列表、歌曲列表、新歌 TOP100、热门专集 TOP200、影视金曲、欧美金曲等链接供用户选择浏览。

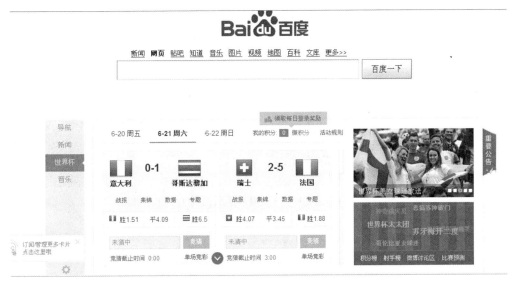

图 2-16　百度搜索引擎首页

图 2-17　百度音乐检索页面

百度导航，在其页面上提供了分类检索，见图 2-16，用户可以根据需要选择页面左边的分类目录进行检索，也可直接链接右边的相关检索网站，并再次选择单击进入二级导航。如图 2-18、图 2-19 所示。

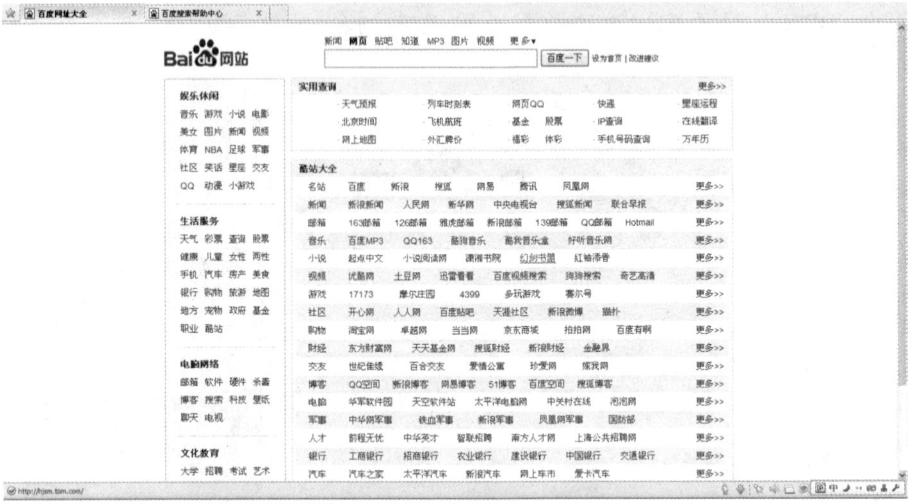

科技文献信息检索与利用

图 2-18　百度导航页面图

图 2-19　百度导航二级页面

（2）检索方法和技巧

百度搜索引擎支持任意的关键词检索，无论中文、英文、数字，还是各种形式文字的混合。输入的查询内容可以是一个词语、多个词语或一句话。其中，在输入多个词语进行检索时，各个词之间应用空格隔开。例如，可以输入"计算机"、"mp3　下载"，或者"青山依旧在，几度夕阳红"等检索内容。

百度搜索引擎严谨认真，要求"一字不差"。例如，分别搜索"李白"和"李太白"，会得不同的结果。因此在搜索时，可以试用不同的词语进行检索。

百度搜索引擎支持布尔逻辑检索，支持通配符的使用。百度支持逻辑"与"关系检索，但在检索时不需要使用"AND"或"+"这样表示逻辑与关系的通配符,只需在输入的多个检索词间以空格加以隔开,系统将自动在各检索词之间添加"+";百度支持逻辑"非"关系检索,用"-"限定其后的检索词一定不出现在检索结果中。例如,要搜索"计算机编程语言"但不包含"C#"的信息,可在检索输入框内输入"计算机编程语言-C#";同时,百度还支持逻辑"或"关系检索,可使用通配符"/"来搜索包含**或包含××的信息。例如,要查询"世界杯"或者"意甲联赛"相关资料,只需在检索输入框内键入"世界杯/意甲联赛",单击"搜索"按钮即可。

百度提供相关检索,如果用户无法确定输入什么词语才能找到满意的资料,可以试用百度相关检索。即先输入一个简单词语搜索,然后,百度搜索引擎会为您提供"其他用户搜索过的相关搜索词语"作参考。这时,只需单击其中一个相关搜索词,就能得到那个相关搜索词的搜索结果。

百度搜索引擎不区分英文字母大小写,所有字母均当作小写处理。且百度提供中文繁、简体的检索,只要用户输入标准编码的繁体中文或简体中文,就可以同时搜到繁体中文和简体中文网页。并且,搜索结果中的繁体网页摘要信息会自动转成简体中文,方便用户阅读。

百度搜索引擎支持搜索位置的限定。检索时,在一个网址前加"site",可以限定只搜索某个具体的网站或某个域名内的网页,需要注意的是,在输入时,关键词与"site"之间必须用一个空格进行分隔;在一个或几个关键词前加"intitle:",可以限定只搜索网页标题中含有这些关键词的网页;在"inurl:"后加 url 中的内容,可以限定检索范围只控制在 url 中。

除在关键词检索输入框中直接输入以上述方法构造的检索式外,还有一种更为直接的高级检索方法,就是利用百度搜索引擎的高级检索功能进行限定检索。如图 2-20 所示。

图 2-20　百度高级检索界面

利用百度搜索引擎的高级检索功能，可以更为直观地在各输入框内键入检索范围限定，包括时间、语言、地区、关键词位置等，同时还可以对结果显示加以限定。所有限定一次到位，不失为一种非常方便的检索方法。

（3）其他特色服务

● 大学搜索：百度的大学搜索能够将搜索限定在某个大学的网站内。检索者可以在这里搜索录取信息，课程信息或者校友信息，所有院校均按音序排列。目前，百度大学搜索支持国内的 849 所高等院校。如图 2-21 所示。

图 2-21　百度大学搜索

● 百度快照：百度快照是一个广受用户欢迎的特色功能，解决了用户上网访问经常遇到死链接的问题。百度搜索引擎已先预览各网站，拍下网页的快照，为用户储存大量应急网页。即使用户不能链接上所需网站时，百度为用户暂存的网页也可救急。而且通过百度快照寻找资料往往要比常规方法的速度快得多。

● 相关搜索：搜索结果不佳，有时候是因为选择的查询词不是很妥当。可以通过参考别人是怎么搜的，来获得一些启发。百度的"相关搜索"，就是和检索者的搜索很相似的一系列查询词。

● 拼音提示：如果只知道某个词的发音，却不知道怎么写，或者嫌某个词拼写输入太麻烦，百度拼音提示可以帮助解决问题。只要检索者输入查询词的汉语拼音，百度就能把最符合要求的对应汉字提示出来。它事实上是一个无比强大的拼音输入法。例如，输入"zhurongji"，提示如下："您要找的是不是：朱镕基"。

● 英汉互译词典：百度还有线上英汉互译词典功能，百度的线上词典不但能翻译普通的英语单词、词组、汉字词语，甚至还能翻译常见的成语。

- 专业文档搜索：很多有价值的资料，在互联网上并非是普通的网页，而是以 Word、PowerPoint、PDF 等格式存在。百度支持对 Office 文档（包括 Word、Excel、PowerPoint）、Adobe PDF 文档、RTF 文档进行全文搜索。要搜索这类文档，只需在普通的查询词后面，加一个"filetype:"文档类型限定。"Filetype:"后可以跟以下文件格式：DOC、XLS、PPT、PDF、RTF、ALL。其中，ALL 表示搜索所有这些文件类型。
- 股票、列车时刻表和飞机航班查询：在百度搜索框中输入股票代码、列车车次或者飞机航班号，就能直接获得相关信息。
- 自动纠错：百度还具有中文搜索自动纠错的功能，如果用户误输入错别字，可以自动给出正确关键词提示。
- 百度搜霸：百度搜霸是一款免费的浏览器工具条，下载后安装在 IE 浏览器的工具列内，用户无须登录百度搜索引擎，即可利用该工具条进行即时检索。
- 百度指数：百度指数是以百度网页搜索和百度新闻搜索为基础的免费海量数据分析服务，用以反映不同关键词在过去一段时间里的"用户关注度"和"媒体关注度"。读者可以发现、共享和挖掘互联网上最有价值的信息和资讯，直接、客观地反映社会热点、网民的兴趣和需求。
- 百度数据研究中心：百度数据研究中心于 2006 年 12 月成立，依托于百度庞大的网民搜索意图数据库，致力于开展网民搜索行为研究和网络舆情监督研究。首页见图 2-22。作为全球最大的中文搜索引擎，百度每天响应数亿次搜索请求，依据统计学原理建立的搜索关键词数据库能在最大程度上反映出中国网民的兴趣点和选择指向，并从行业角度对用户搜索行为数据进行综合梳理，挖掘出网民的潜在需求与消费偏好，描绘出品牌竞争格局，并预测行业的发展趋势，为企业提供决策依据与营销效果评估，从而为产品与消费者分析带来便利。目前百度数据中心的主要服务有：行业研究、定制研究、专题研究、热点研究、每周观点、品牌指数及分析报告下载等。百度行业报告见图 2-23。

图 2-22　百度数据研究中心

图 2-23　百度行业报告下载

4. 360 搜索（http://m.so.com/）

360 搜索的资历较浅，是 360 公司开发的基于机器学习技术的第三代搜索引擎，由于其先期的安全防护软件被广大网络用户接受并使用，拥有巨大的用户群，后继进入的搜索引擎领域的 360 搜索，也成了近年来为人们所熟识和使用的一个搜索引擎，成为国内主流搜索引擎产品。同百度和 Google 一样，它也拥有较多的文献资源。360 搜索属于元搜索全文搜索。具备"自学习、自进化"能力和发现用户最需要的搜索结果。

360 搜索主要包括新闻搜索、网页搜索、百科搜索、视频搜索、问答搜索、图片搜索、地图搜索、学术搜索等。主页如图 2-24 所示。

图 2-24　360 搜索主页

360 学术搜索，拥有丰富的中英文期刊论文资源，收录了国内外学术站点超过 2 万家，如中文学术站点知网、万方、维普，外文学术站点 acm、IEEE、springer 等，共计收录中外文学术资源总量逾 2.65 亿。其中，外文近 1.3 亿，中文超 1.35 亿，总索引量已成为国内第一。

　　对搜索结果提供按时间筛选和多种排序方法，见图 2-25。单击文章下面的"相关文章"可以直接出现与该文章相关的所有文章，单击"搜索全网"可以出现包含但不仅限于论文的一些新闻、各种网站报道等。

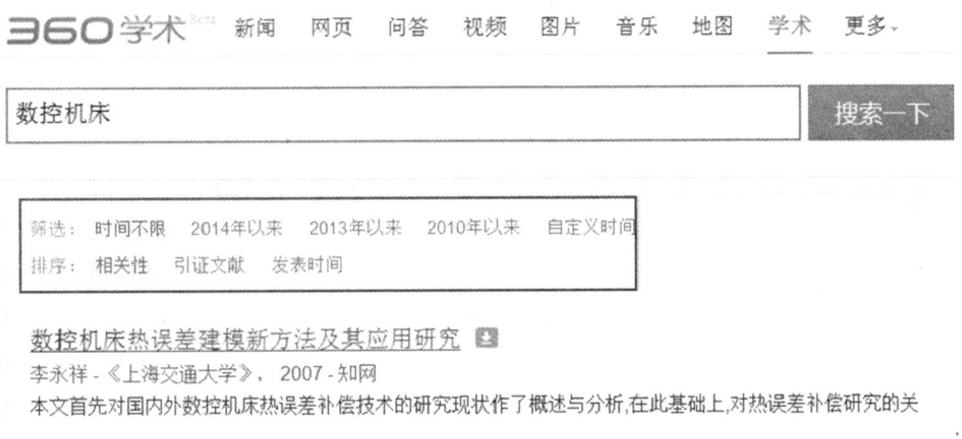

图 2-25　360 学术搜索

第 3 章

中文图书检索

在第 1 章文献类型介绍中已对图书的作用及特征进行过介绍，图书是人们学习阅读的主要文献。图书按特征区分，有多种不同类型，如专著、工具书、教科书、电子图书、纸质图书等。

3.1 中文工具书及检索

3.1.1 中文检索工具的类型

文献检索的过程离不开工具书。所谓工具书，是指汇集某门类或多学科知识，按特定的编排方式编辑而成的，供人们查阅和征引，以解决各种疑难问题的特种书籍，也包括电子版、网络版检索工具。其类型划分方式多种多样，不同的划分方法，其划分结果不一样。

1. 按检索功能划分

① 检索型，也称检索型检索工具。这种类型的检索工具是向用户提供经过加工、整理并按一定的方式排列的文献资料的线索、出处等。用户可根据此类检索工具提供的线索，较方便地找到自己所需要的信息。这类检索工具包括书目、题录、索引和文摘。

② 资料型，也称参考型检索工具。这类检索工具本身就可以提供读者所需的资料。包括百科全书、词典、年鉴、手册、名录等。

2. 按检索工具的内容体例划分

① 辞书型检索工具，包括字典、词典、百科全书等。
② 资料型检索工具，包括年鉴、手册等。
③ 表谱型检索工具，包括历表、年表等。
④ 线索型检索工具，包括书目、文摘、索引等。
⑤ 图录型检索工具，包括地图、图谱等。

3. 按载体类型划分

① 印刷型检索工具，即书本式的纸质品检索工具。
② 电子出版物型检索工具，包括馆藏机读目录、各种检索工具的光盘版、网络版等。

3.1.2 工具书的特点

与普通图书相比，工具书具有以下特点。
① 编排特殊：在编排体例上，工具书主要按部首、字顺、分类、音序、地序、号码等方式编排，因此查询方便，一检即得。
② 内容概括：工具书大多是对收集来的材料加以取舍或作精要的论述，其内容比较广泛、概括。
③ 专供查阅：工具书是提供给人们查考，以解决疑难问题的，因此一般不作具体的论述。

3.1.3 工具书的功用

工具书既吸收了历史文化遗产的精华，又反映了现代科学技术的成就，特别是在当今信息化社会，随着出版物的急剧增加，工具书在人们学习、研究和工作中的作用日益突出。概括起来有以下几点。
① 解答疑难问题：工具书中的字典、词典、百科全书、年鉴、手册等，能帮助人们解决各种疑难问题。
② 提供文献资料线索：书目、索引、文摘能给人提供资料出处和线索，节省查找文献的时间。
③ 指引读书门径：书目提要、推荐书目、导读书目能评价图书的得失，指导读书的方法和步骤。

因此，使用工具书能大大节省人们的时间和精力，使读书治学收到事半功倍的效果。

3.1.4 常用检索工具书简介

检索型工具书，如书目、索引、文摘等在第 1 章中已有详尽的介绍，此处仅介绍资料型检索工具书。

1. 字典、词典

字典、词典都是汇释字词，按一定方式编排的工具书。在汉语中，字和词是有区别的。字典是解释字的形、音、义及其用法的工具书。词典则是解释语词的概念、意义与用法的工具书。概括说来，字典、词典具有简明性、规范性的特点。它便于查找字或词的正确写法、标准读音、用法和含义等知识。在编排上中文字典、词典大都按字顺编排，如按部首、按音序编排。其结构有前言、凡例、正文、附录、索引等。

常用的中文字、词典:《新华字典》《汉语大字典》《辞源》《辞海》《汉语大词典》等。

2. 百科全书

百科全书是汇集人类一切门类知识或某一学科门类所有知识的概述性检索工具。它包括社会科学、自然科学和工程技术等各科专门术语、重要名词(包括人名、地名、物名、事件名称等),分别列出条目,并加以详细的叙述和说明,并附有参考书目。百科全书集各种类型的工具书之大成,被称为"工具书之王"。百科全书按收录范围分,有收录多种学科或多门类知识的综合性百科全书和专收某学科或某领域知识的专科性百科全书。

常用的百科全书有:《中国大百科全书》《中国企业管理百科全书》《新不列颠百科全书》《美国百科全书》等。

3. 年鉴

年鉴是汇集过去一年内的重要时事文献和统计资料,按年度连续出版的工具书。它的资料主要来源于政府公报和文件及重要报刊上的统计数据等。年鉴一般按分类编排,由概况、文选和文献、统计资料、大事记和附录等构成。它具有时限性、资料性、可靠性和连续性的特点。年鉴能提供一年间国内外大事、法规文献、各类统计数字等方面的信息,人们通过年鉴可以获得比较系统、可靠的新资料和统计数字。它为我们掌握某学科领域一年内的新成果和发展趋势提供了一个重要途径,并可弥补百科全书不能及时修订的缺陷。

年鉴分为综合型、专门型和统计型3类,常用的综合型年鉴有:《中国年鉴》《中国百科年鉴》《世界年鉴》《世界大事年鉴》《世界知识年鉴》等;常用的专门型年鉴有:《中国教育年鉴》《世界经济年鉴》《中国农业年鉴》等;常用的统计型年鉴有:《中国统计年鉴》《联合国统计年鉴》《英国统计文摘年刊》等。

4. 手册

手册又称宝鉴、指南、要览、全书等,它是把某一主题或学科常需参考的文献资料、专业知识等汇集在一起,以供人们随时查阅的工具书。手册一般具有叙述简练、信息密集、资料具体和实用性强的特点。

手册分综合性和专业性两种。常用的综合性手册有:《当代国外社会科学手册》《当代中国社会科学手册》《世界各国手册》等;常用的专业性手册有:《国际知识手册》《国际政治手册》《国际组织手册》等。

5. 名录

名录是提供人名、地名、机构名等专有名称及相关信息的工具书,类似"专名词典"。它以简洁和格式化的文字表达如下内容:某方面人物的生卒年、学历、经历和著作等个人履历资料;某一行政地区的地名及其沿革和相关地理资料;某些企事业单位和机关、团体、学校等的地址、负责人员、主要活动等基本材料。名录按收录内容可分为人名录、地名录和机构名录。

常用的名录有：《中国近现代名人大词典》《世界名人录》《中国人名大词典》《中华人民共和国地名录》《中国地名词典》《韦氏地名词典》《世界地名录》《中国政府机构名录》《中国公司名录》《中国科研单位名录》《世界各国高校名录》等。

3.2 书刊目录检索系统 OPAC

OPAC，全称为 Online Public Access Catalogue System，公共联机书目查询系统。它反映各种文献入藏情况的书目数据库，是目前国内外文献信息服务机构的书目网上查询的通用模式。它利用计算机终端来查询基于图书馆局域网内的馆藏数据资源的一种现代化检索方式。OPAC 主要供公共用户使用，支持布尔逻辑组合的复杂检索，并提供多种检索限制。具有用户界面友好、采用中文切分机制等特点。数据库记录的字段一般有：文献索取号、文献名称（如书名、期刊名称）、责任者、主题词、ISBN/ISSN、收藏地点等，其中收藏地点和文献索取号是借阅文献的重要依据。随着互联网的发展，OPAC 已成为目前国内外文献信息服务机构的书目网上查询的通用模式，许多图书馆都已经将自己的 OPAC 服务向整个网络发布了。

OPAC 的种类很多，从不同的角度可以有不同的分类方法。按收录文献的类型，OPAC 可分为图书联合目录、期刊联合目录、会议文献联合目录等；按收录文献的语种，OPAC 可分为中文图书查询系统、西文图书查询系统、中文期刊查询系统、西文期刊查询系统等；按反映文献入藏单位的多少，OPAC 又可分为馆藏目录查询系统和联合目录查询系统。

3.2.1 馆藏目录的查询

馆藏目录查询系统，顾名思义它只反映某个特定图书馆的文献入藏情况，如国家图书馆联机公共目录馆藏查询系统、吉林大学图书馆书目数据库、中国科学院文献信息中心联机公共目录等。馆藏书刊的检索，实现了 Web 方式下对图书馆数据库的实时访问，为读者提供了更方便、快捷的服务，可以从书刊题名、著者、中图分类号等多个检索点入手，查看本馆图书、现刊、过刊的流通信息等。目前，还没有一套各馆通用的馆藏目录检索系统，各馆都是根据本馆的特点及实际需要来选择管理系统。下面以国家图书馆的馆藏目录查询为例进行介绍。

进入中国国家图书馆主页（图 3-1），直接在检索输入框内键入所需文献的关键词，选择检索框下方的"馆藏目录"，即可获得相应的检索结果。例如，检索有关人工智能的相关文献，如图 3-2 所示。

此外，利用各个图书馆的读者信息库，可查询某位读者借阅文献的情况。方法是打开"读者信息库"，选择检索途径（如姓名、借书证的条码等），输入检索词并按回车键，便可看到该读者的借阅文献情况，亦可在网上进行文献的预约与续借。

图 3-1　中国国家图书馆主页

图 3-2　馆藏查询结果

3.2.2 联合目录的查询

通过图书题名查找图书,人们都希望使用收录图书尽可能多的书目系统。联合目录查询系统就是汇集反映多个文献信息服务机构文献的收藏情况,如北京地区联合目录、全国期刊联合目录、OCLC 的 World Cat 等。从联合目录的发展历史来看,它有两种模式:一种是传统的集中式联合目录,也就是将多个图书馆的数据汇集在一个数据库中;另一种则是模拟式虚拟联合目录。所谓虚拟联合目录,是指每一个书目数据库都是相对独立的,只是在用户检索时将它们视为一个整体,通过一个通用界面同步并行检索书目数据库,然后将检索结果返回。联合目录在资源共享、馆际互借、合作编目及合作馆藏发展中具有十分重要的作用。CALIS 是教育部指导下的中国高等教育文献保障体系的简称,它汇集了全国高等院校的文献信息。下面以 CALIS 的联合目录查询为例进行介绍。

① 进入 OPAC 系统:进入 CALIS 主页上,选择"联合目录查询"便可进入联合目录查询系统(图 3-3)。

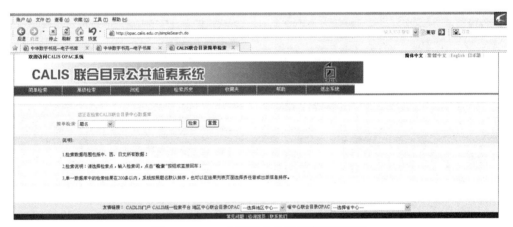

图 3-3 CALIS 联机公共目录查询系统图

② 选择检索途径:联机书目查询的主要检索途径有书名/刊名、作者/编辑单位、分类号、主题词、ISBN/ISSN 等途径,可以根据检索需求的已知线索,选择合适的检索途径;除简单检索外,CALIS 也提供多种检索条件的组合检索,即高级检索,读者可以根据需要同时选择几个检索条件进行检索,提高检索效率。如图 3-4 所示。

③ 在检索框内输入检索词,并单击"查询"。例如:已知书的名称,可以选择书名途径,输入所要检索的图书名称;若要查某人的著作,可选作者途径,输入欲检索作者的姓名;若要查询某类图书,可以选择分类途径或主题途径,分别输入分类号、主题词或关键词等。

④ 查看检索结果:提交检索后,系统会在屏幕上显示命中记录的题名。单击所要查看的题名,即可显示该文献的书目信息、馆藏地点等,如图 3-5 所示。记下馆藏地点、文献索取号及文献名称,便可联系复印、借阅、文献传递。

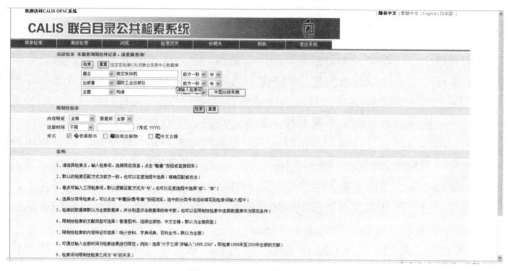

图 3-4 CALIS 高级检索

图 3-5 检索结果

⑤ 如果查询的文献不在馆内,单击检索结果页面上流通信息中的借阅者条码号,可了解借阅文献者的情况和借阅时间等信息。

3.3 电子图书

3.3.1 电子图书概述

电子图书是继纸质印刷出版物之后出现的一种全新的图书类型,它以二进制数字化形式对图书文献进行处理,以光磁等介质为记录载体,以信息的生产、传播和再现的形式代替传统印刷型图书的制作发行和阅读，是一种新型的媒体工具。读者可以利用计算机进行检索和阅读。

1. 电子图书的特点

（1）亲切的感受能力

由于电子图书采用统一的数字化编码来表示文字与其他信息，这就使得不同种类信息的集成化处理与传递成为可能，即采用多媒体、超媒体技术，使电子图书不仅有详细生动的文字描述，还有高质量的栩栩如生的动画情景和逼真的声音效果，使读者获得更全面、更生动的资料，给人以丰富多彩的亲切感受。

（2）强大的检索功能

电子图书提供的检索功能是动态的、多途径的、可组配的，文献任何信息单元（一个字、一个词、一句话）都可借助于电子图书的数据库进行检索，文献中任何隐藏的信息都在计算机的严格监控之下。只要按动键钮，调出菜单，即可迅速找到所需要的内容，检索结束后可根据用户需要在计算机屏幕上加以显示或将其打印出来，还可以有目的地进行排序、重组，从而产生新的信息产品。

（3）真正的资源共享

随着 Internet 的普及，基于网络的电子图书越来越受到人们的青睐。在信息的检索、文档的超文本链接、交互式阅读等方面，它比光盘图书、传统印刷版图书更具优势。传统的印刷版图书一旦被人借出，其他人就不能使用，而网络版的电子图书则能供多人、多次同时阅读。读者不必亲自到图书馆借阅，只需在办公室或家里通过网络阅读图书馆的电子出版物，而且还可通过网络查阅其他网站的电子出版物，实现了真正意义上的资源共享。

（4）便捷的资源利用

除检索、借阅外，电子图书还提供比普通印刷图书更便捷的利用手段。阅读印刷品图书时，读者对需要的内容往往采用复印或抄录等手段保存，而阅读电子图书，读者只需单击鼠标即可完成对所需要内容的保存、修改、编辑等。

（5）稳定性

这是因为图书不是一种连续性出版物，电子图书亦是如此，因此在网上的电子图书内容相对比较稳定，极少像电子期刊和电子报纸那样经常性地更新。从这个意义上讲，电子图书一旦做成，就有"一劳永逸"之感。

2. 电子图书系统

电子图书系统是制作、保存、阅读电子图书的软件系统，它完成了电子图书的制作、存储及读者检索阅读全过程。电子图书系统主要由以下 3 部分组成。

（1）图书高速扫描系统（BHSSS）

BHSSS 作为数据输入前端设备由高速扫描仪和对扫描图像进行处理的相关软件组成，具有新书处理、高速扫描、图像处理、图书著录、访问控制和海量信息存储等功能。

（2）纸介质出版物数字化处理系统（PPDPS）

PPDPS 由基于 OCR 的信息转换、输入软件和全文检索服务器软件组成，提供 OCR 识别和全文检索功能。

（3）网络图书阅读、评估与信息交换系统（NBREIES）

NBREIES 由大容量磁盘阵列、大型数据库系统和电子图书管理软件等组成，是用来与读者进行交互的界面系统。NBREIES 以一个大容量、多媒体的电子图书数据库为基础，向读者提供各种类型文献的阅读、检索和使用，同时为读者提供对图书进行评论的信息反馈渠道。

3.3.2　超星数字图书馆

超星数字图书馆（http://www.ssreader.com）是国家"863"计划中国数字图书馆示范工程项目，由北京世纪超星信息技术发展有限责任公司投资兴建，设文学、历史、法律、军事、经济、科学、医药、工程、建筑、交通、计算机和环保等几十个分馆，目前拥有数字图书 100 多万种。读者可通过互联网阅读其中的图书资料，也可将图书下载到用户的本地机离线阅读。

在 IE 地址栏中键入数字图书站点主页 IP 地址进入镜像站点。如图 3-6 所示。

图 3-6　超星数字图书馆首页

1. 超星数字图书馆的访问

目前读者阅读及下载超星电子图书，可通过三种途径进行：一是登录"免费图书馆"阅读部分免费资源；二是个人用户购买超星读书卡；三是针对高校等集团用户，由学校购买数据库使用权提供本校师生员工检索利用，超星公司以 IP 或用户名方式进行访问控制，同时也对有条件及有要求的学校提供电子图书的本地镜像。

2. 超星数字图书馆的使用步骤

（1）链接

普通用户登录超星电子图书官网地址为 http://www.chaoxing.com，包库用户登录 http://www.sslibrary.com。

（2）下载浏览器、注册器

阅读电子图书之前，需先下载浏览器并注册。若需建立个人书签的新用户，请先注册，以便下次登录后阅读做过书签的图书。浏览器下载可以通过单击主页右侧菜单中"下载阅读器"来进行，下载安装超星阅读器 4.0 及以上版本。如图 3-7 所示。

图 3-7　超星数字图书馆浏览器下载

（3）检索图书
（4）阅读电子图书

3. 超星数字图书馆中的电子图书检索

超星数字图书馆提供电子图书的分类检索、简单检索和高级检索。

(1) 分类检索

在超星数字图书馆的首页上,把整个数字图书馆资源按照中国图书分类法划分为"经典理论""哲学宗教""社会科学总论""政治法律""军事""经济"等 22 基本类目。在各个类目下,又有若干子类目,用户可通过逐层浏览类目查找所需要的文献资料。例如,检索机械设计手册,则选择分类目录中的"工业技术",继而根据课题继续选择"机械、仪表工业""机械设计、计算与制图",最终查找到所需要的机械设计类手册若干。在线阅读或下载均可。

(2) 简单检索

超星数字图书馆的简单检索可从图书的书名、作者等检索点入手,同时提供全文检索。检索操作简单方便。用户只需在超星数字图书馆主页上端"信息检索"栏内键入要检索的条件,单击"搜索"即可。例如,检索有关网络系统集成的书籍,只需在首页最上方的检索框内输入关键词"网络系统集成",单击图书"搜索"即可,如图 3-8 所示。

图 3-8 超星数字图书馆简单检索

(3) 高级检索

超星的包库用户还提供高级检索,利用高级检索可以实现图书的多条件查询。各检索条件之间以逻辑关系进行组配,便于进行目的性、针对性较强的查询。例如,检索 2008 年以来有关 AutoCAD 的图书,如图 3-9 所示。

第3章 中文图书检索

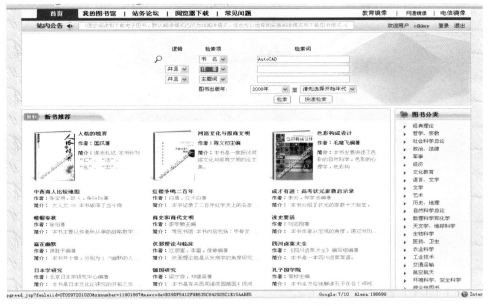

图 3-9 超星数字图书馆高级检索

检索结果如图 3-10 所示。

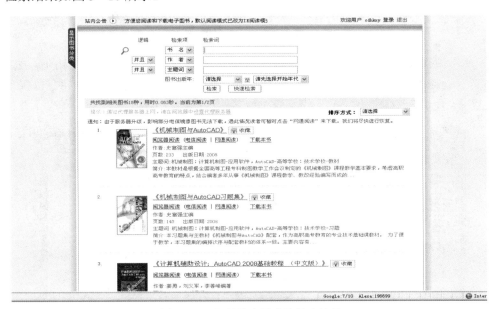

图 3-10 超星数字图书馆检索结果

检索出的结果以文摘形式显示,在每条记录下均有"阅读器阅读""下载此书"等项,用户可以根据个人需要进行下一步选择。

4. 阅读电子图书

① 读书：在书目清单中单击书名链接，链接默认为 IE 阅读，读者可以根据需要进一步选择阅读器阅读或下载。单击"阅读器阅读"，系统即打开浏览器，显示该书的目录页。在屏幕上方工具栏或单击鼠标右键，提供各种工具供逐页浏览图书或定位到指定页。如图 3-11 所示。

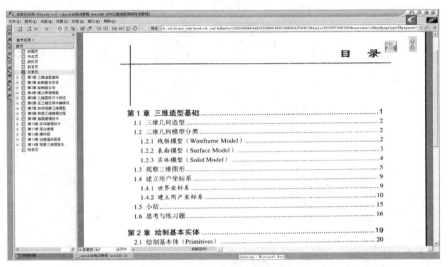

图 3-11　超星电子图书阅读界面

② 文字识别：单击"图书"菜单中的"区域选择"，拖动鼠标选择要识别的区域，松开鼠标键后自动弹出一个对话框，为已识别的文字，用户可对该识别后的内容进行编辑、保存等。如图 3-12 所示。

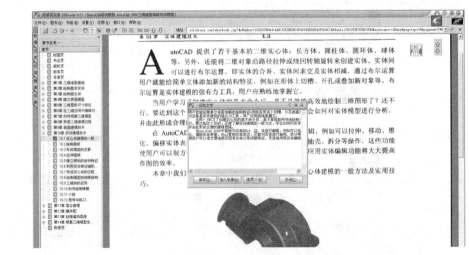

图 3-12　文字识别界面

③ 做读书笔记：单击工具图标或鼠标右键，在下拉菜单中选择"导入读书笔记"，用选择框选中文字，即可将 PTF 格式的文字内容通过 OCR 识别成文本格式，导入笔记。单击页面下面的"书籍阅览"按钮继续阅读，单击"读书笔记"按钮，打开笔记，添加或修改读书笔记内容。

④ 添加个人书签：在书目清单中单击书名链接下方的"添加个人书签"，系统提示"添加成功"。下次登录后，做过标签的书会出现在主检索页面的下方。单击书名链接，则打开目次页。阅读时单击"添加书签"图标或菜单栏上的"书签"，可保存页码，以便下次继续阅读。

⑤ 下载电子图书：阅读图书时单击"工具"图标或鼠标右键，在下拉菜单中选择"下载"，确定存放路径，单击"确定"即可。右击选项框中"我的图书馆"图标，可根据个人需求新建分类，如"文学""教育"等，以便下载存放到相应类目。

3.3.3 超星"读秀学术搜索"简介

读秀学术搜索是超星公司基于海量图书搜索基础上开发多类型学术文献信息搜索系统。文献信息包括期刊、报纸、学位论文、会议论文等多种类型文献资源组成的庞大的知识系统，可以对文献资源及其全文内容进行深度检索，并集搜索、试读、全文传递于一体。读秀现收录 300 多万种中文图书信息，占已出版的中文图书的 95% 以上，可搜索的信息量超过 16 亿页。

1. 读秀学术搜索简介

读秀学术搜索首页与百度、Google 相像，首页采用非常简洁的一框式，见图 3-13。读秀学术搜索的最大特点是搜索功能强，搜索方便，可进行全文内深度搜索。它提供的检索途径，是目前各类检索平台中最丰富的，以多种不同角度形成了一个强大而全面的搜索系统，如整合各类资源，一次搜索同时获得多种类型文献著称。搜索功能中有类聚搜索，以年代、学科

图 3-13 读秀学术搜索首页

缩小范围，提供相近作者供选择。搜索方式有一框式简单搜索、表单式高级搜索、二次检索的在结果中搜索等。可以说在目前的学术搜索产品中功能最全、最强大。

首页检索框上方的文献类型包括网页、图书、期刊、专利、标准、工具书、学位论文、会议论文、文档、视频、词条等，可随意切换，如图3-14所示。

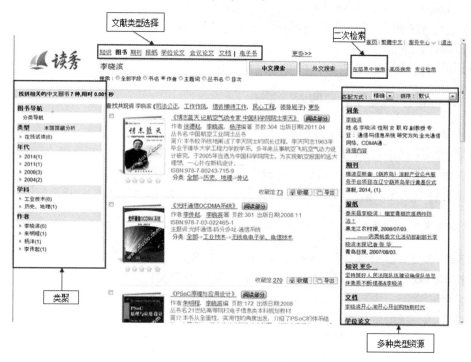

图3-14 读秀学术搜索检索功能

2. 基本检索

读秀基本检索，在检索框中输入检索条件，如"数据机床"，选择文献类型，需要检索图书还是视频或者是文章全文。读秀搜索将搜索结果，按所选择的类型放置在页面中间位置，但同时自动地在其他类型文献中进行检索，结果一并显现在页的周边位置，一屏显示多种资源，非常方便。同时，还可提供精确检索范围，缩小检索结果功能，以及二次检索功能在结果中检索、结果排序等，见图3-14。

3. 精确搜索结果功能

在检索出结果过泛、精确检索结果方面，读秀做了许多努力，提供了多种途径供选择，非常方便使用,举例如下。

① 组合检索:类似于百度,输入多个检索词,利用布尔逻辑检索运算进行。
② 在结果中搜索:在检索结果过多时,可反复使用,缩小范围精确结果。
③ 高级检索,即表单式高级检索。
④ 聚类功能:学科类聚,按学校将检出结果分类聚合,标出文献数目,并直接单出查看详细结果。
⑤ 年代限定:按时间段显示检索结果数目,并可直接单出查看详细结果。
⑥ 按时间排序:检出结果按出版时间排序,可选择出版时间最新或者出版时间最远者排在最前面。

4. 图书搜索

以图书检索为例,详细介绍读秀学术搜索各项功能。图书搜索提供简单检索与高级检索两种方式。

(1) 简单检索

选择图书频道,在搜索框输入关键词,然后单击"中文文献搜索",即可在海量的图书数据资源中进行查找。如果读者希望获得外文资源,可单击"外文文献搜索",如图 3-15 所示。

图 3-15 读秀图书搜索——简单检索

(2) 高级检索

读秀图书表单式高级检索提供作者、书名、出版社、ISBN 等多个字段的组合检索,方便读者更精准地查找到所需图书。单击检索输入框右方"高级检索"选项,如图 3-16 所示。

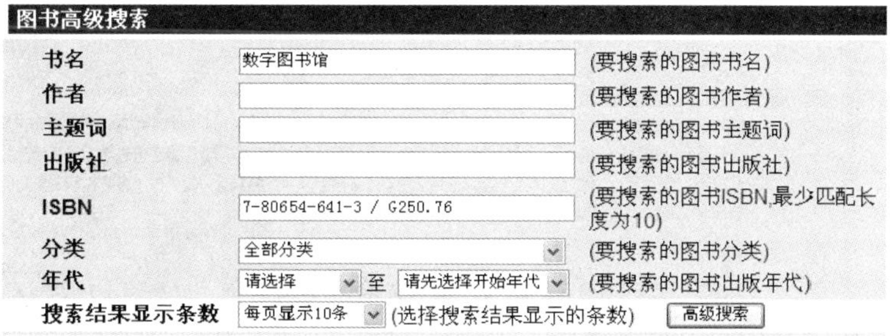

图 3-16 读秀图书搜索——高级检索

5. 全文检索

读秀的全文检索是对图书中每页上的文字进行检索,选择知识频道,在搜索框中输入关键词,然后单击"中文文献搜索",即可在海量的图书数据资源中,围绕该关键词深入到图书的每一页资料中进行信息深度查找(提示:为方便快速找到所需的结果,建议使用多个关键词或较长的关键词进行检索)。也可单击"外文文献搜索",自动进入到外文频道进行搜索。与图书检索的差别在于,它检索出的是众多图书中符合检索条件的小段落,并标识出此段落出自于哪本书的哪一页,实现真正的深度检索,特别适合围绕知识点进行查找。读秀全文检索索如图3-17所示。

图 3-17 读秀全文检索

读秀全文检索结果如图3-18、图3-19所示,检索词在文中以高亮的方式显示。

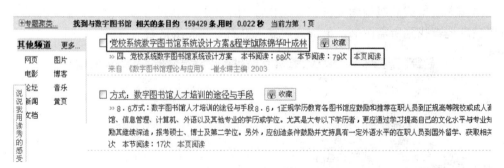

图 3-18 读秀全文检索结果

第3章 中文图书检索

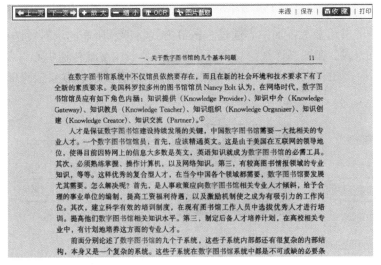

图3-19 文献详细信息

6. 文献获取

使用读秀学术搜索获取文献的方法很多,常用的有馆藏纸本、电子全文、网上电子全文及文献传递。

(1) 获取馆藏纸本或电子全文

如在检索结果标题后有"馆藏纸本""电子全文"链接,或者单击标题后出现的页面中有"馆藏纸本""电子全文"链接的,可单击该链接直接进入本单位图书馆OPAC系统查询纸质图书信息,或查看本馆电子图书全文。如图3-20所示。

图3-20 获取馆藏纸本或电子全文

（2）文献传递

文献传递是图书馆参考咨询中心通过 E-mail 方式将读者所需的资料发送至读者信箱的一种全文获取服务方式。在图书详细信息页面，单击"图书馆文献传递中心"，进入"图书馆参考咨询服务"页面，如图 3-21 所示。填写相应的需求信息及读者联系信息即可，如图 3-22 所示。

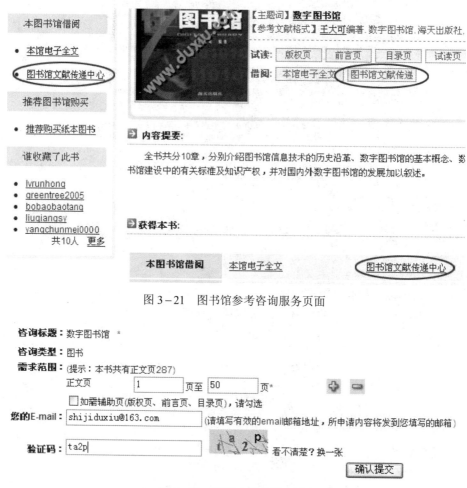

图 3-21　图书馆参考咨询服务页面

图 3-22　填写文献传递申请

打开读者提交请求的电子邮箱，会收到一封新邮件，即可打开阅读所请求的文献。

3.3.4　方正 Apabi 电子图书——中华数字书苑

中华数字书苑是阿帕比推出的专业的华文数字内容整合服务平台。中华数字书苑以数据库方式，收录了建国以来大部分的图书全文资源、全国各级各类报纸及年鉴、工具书、图片等特色资源产品。旨在为图书馆、企业、政府等客户及其所属读者提供在线阅读、全文检索、离线借阅、移动阅读、下载、打印等数字内容和知识服务。目前,"中华数字书苑"涵盖了220万种电子图书全文检索和在线浏览、700种不断更新的报纸、10 000张外贸权威数据和统计图表、50万张专业图片及大量文献。这些信息可通过手持阅读器、手机、U盘等终端随时阅读。

1. 中华数字书苑的访问

目前读者阅读及下载Apabi电子图书,可通过两种方式:一是通过账户方式访问,由方正公司提供访问的用户名和密码;二是IP访问方式,针对高校等集团用户,由方正公司提供校园等机构范围的IP段控制,在此IP范围内的用户无须提供账号,直接访问。

2. 中华数字书苑的使用步骤

(1) 链接

登录 http://www.apabi.com/tiyan,进入"中华数字书苑"首页,如图3-23所示。

图3-23 中华数字书苑首页

(2) 下载阅读器

平台提供的电子图书资源需要使用Apabi Reader方可正常阅读,阅读器下载可以通过单击首页右上角"下载Apabi Reader"来进行,如图3-24所示。

(3) 检索图书
(4) 阅读电子图书

图 3-24 阅读器下载

3. Apabi 电子图书检索

中华数字书苑提供电子图书的分类浏览、简单检索和高级检索。

（1）分类检索

单击首页左上角几大功能模块的"电子图书"选项，进入电子图书检索界面，左侧按中图法将库内所有电子图书资源分成 22 个基本大类，读者可以根据需要按照类目进行逐级浏览。例如，查找关于飞机发动机原理的相关图书，选择"航空、航天"大类，继而选择二级类目"航空"，根据需要，进一步浏览"航空发动机"——"发动机原理"，直至找到所需图书。如图 3-25 所示。

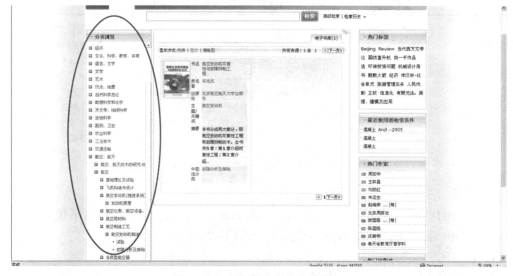

图 3-25 中华数字书苑分类检索

(2) 简单检索

中华数字书苑提供电子图书的简单检索，只需在检索输入框内键入需要检索的关键词即可，例如检索数控机床故障分析类的书籍，只需在检索输入框内键入"数控机床故障分析"，即可得以下检索结果，如图 3-26 所示。

图 3-26 中华数字书苑电子图书简单检索

(3) 高级检索

中华数字书苑提供电子图书的高级检索，利用高级检索可以实现图书的多条件查询。目前，该数据库提供书名、责任者、出版社、出版时间、ISBN 号、中图分类号、主题词、摘要等 8 个检索条件的组合检索，各检索条件之间以逻辑关系进行组配，同时可以对出版年代及显示顺序做相应限定，便于进行目的性、针对性较强的查询。例如，检索 2006 年以来化学工业出版社出版的有关数控机床维修的相关书籍，检索设置与结果如图 3-27、图 3-28 所示。

单击书名或图标，即可查看该书详细信息（图 3-29），并提供在线阅读、下载、下载到手持设备、下载到 U 盘等选项，读者可以根据需要自行选择阅读方式。

4. Apabi 电子图书阅读

(1) 在线浏览

在书目详细信息中，根据需要选择"在线浏览""下载""下载到手持设备""下载到 U 盘""手机书"等方式进行阅读。在线浏览仅提供阅读功能，而不能对内容进行识别、编辑。如图 3-30 所示。

图 3-27 中华数字书苑电子图书高级检索界面

图 3-28 中华数字书苑电子图书高级检索结果

第 3 章　中文图书检索

图 3-29　图书详细信息

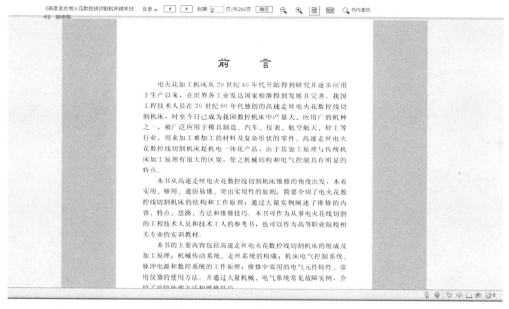

图 3-30　Apabi 电子图书在线浏览

（2）下载

根据需要，读者可以选择下载在本地计算机，利用已安装的"Apabi Reader"阅读器进行阅读、编辑等操作；也可以选择"下载到手持设备"，如电子阅读器等工具上进行随时随地阅读；同时，还可以选择下载"手机书"，利用手机进行方便阅读。总之，Apabi 电子图书为读者提供了更丰富的信息资源和更便捷的阅读方式。

（3）文献传递

除了上述获取文献的方式外，中华数字书苑还提供文献传递，读者填写文献需求，书苑以 E-mail 方式向读者发送所需文献，但每次只可传递所请求图书的 20%。如图 3-31 所示。

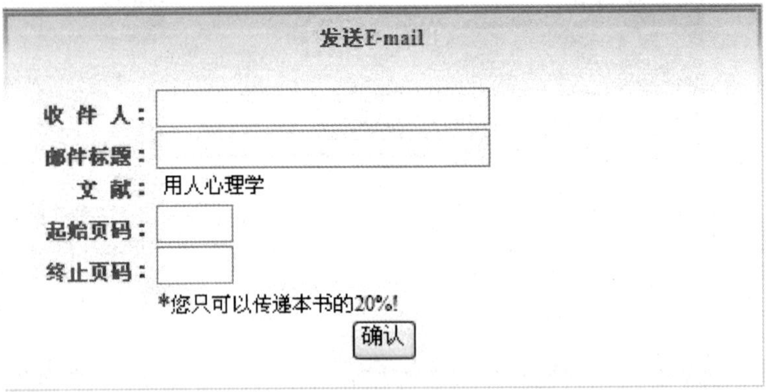

图 3-31　文献传递

第 4 章

期刊信息检索

4.1 中文期刊信息资源简介

在各类信息源中,科技期刊所含信息量最大、最新。国际国内的最新信息一般先在刊物上发表,各种国际性、全国性的学术会议文献,至少 50%发表在期刊上。期刊信息连续、系统,能够反映某一时期某一学科、某一课题或现象进展变化的状况。期刊有很强的检索信息的功能,许多检索工具普遍采用期刊的形式,其他各种二次文献,也大都采用期刊形式定期报道图书、期刊、科技报告、会议文献等各种类型原始文献,世界著名信息机构提供信息服务,也主要以期刊为基本阵地。

期刊信息检索,就是运用各种载体形态的信息检索系统,根据课题要求,按照一定的方法、步骤和检索语言,利用各种检索途径,从文献信息集合中查找用户所需期刊文献信息的过程。

期刊信息检索工具种类繁多,按国别划分,有国内与国外检索工具之分;按收录的学科范围划分,有综合与专业型检索工具之分;按载体形态划分,有印刷、光盘和网络型检索工具之分;按出版形式划分,有单卷式(以图书形式出版)与期刊式检索工具之分;按编著方式划分,有目录、题录、文摘和全文型检索工具之分。

4.1.1 期刊的著录特征

期刊主要的著录信息主要有:ISSN 号、篇名、关键词、摘要、责任人、单位或机构、刊名、参考文献、全文、统一书号等。

4.1.2 中文期刊检索工具的特点

中文期刊检索工具因起步较晚,相较于外文期刊检索工具,从收录内容和采集文献类型上都很单一,主要有 3 个特点:

① 服务方式多样化,主要有镜像网站和在线阅读两类服务;
② 各中文期刊库都有自己的浏览器,只有正式登录的用户才能下载保存和浏览全文;
③ 中文期刊库多用简单的二次检索,一般同时有简单检索和高级检索。

4.2 中国知识基础设施（CNKI）

CNKI 即中国知识基础设施（China National Knowledge Infrastructure）工程，是采用现代信息技术，建设适合于我国的可以进行知识整合、生产、网络化传播扩散和互动式交流合作的一种社会化知识基础设施的信息化工程。该工程由清华大学发起，同方知网技术产业集团承担建设，被国家科技部确定为"国家级重点新产品重中之重"项目。CNKI 工程于 1995 年正式成立，CNKI 早期主打产品为中文期刊文献数据，同时也收录了学位论文、工具书、会议论文、年鉴、报纸等，近年其不断扩大产品的覆盖面和类型，向超大型综合文献数据库发展，CNKI 用户遍及中国和欧美、东南亚、澳洲等各个国家和地区，实现了我国知识信息资源在互联网条件下的社会化共享与国际化传播，已经成为国内著名的文献信息数据库。

4.2.1 中国期刊全文数据库

《中国期刊全文数据库》是中国知识基础设施工程的一个最具特色的文献数据库。该库是目前世界上最大的连续动态更新的中国期刊全文数据库，是"十一五"国家重大网络出版工程的子项目，是《国家"十一五"时期文化发展规划纲要》中国家"知识资源数据库"出版工程的重要组成部分。收录国内学术期刊 7 942 种，全文文献总量 41 045 487 篇。收录范围年限从 1915 年至今，部分期刊回溯至创刊。内容覆盖自然科学、工程技术、农业、哲学、医学、人文社会科学等各个领域。产品分为十大专辑：基础科学、工程科技Ⅰ、工程科技Ⅱ、农业科技、医药卫生科技、哲学与人文科学、社会科学Ⅰ、社会科学Ⅱ、信息科技、经济与管理科学。十大专辑下分为 168 个专题和近 3 600 个子栏目。以 Web 版（网上包库）、镜像站版、光盘版、流量计费等方式提供给用户，每日更新。

4.2.2 CNKI 使用方法

1. 下载和安装阅读软件

在使用 CNKI 数据库前需要下载、安装 CAJ 全文阅读器（CAJ 格式）或 Adobe Reader 阅读器（PDF 格式），CAJ 全文阅读器为 CNKI 专用的全文阅读器。进入 CNKI 主页，（http://www.cnki.net），单击首页上方的"下载"，进入中国知网的下载中心，选择最新版本的 CAJViewer 7.0.2 的完整版进行下载并保存到本地计算机上。见图 4-1。

2. CNKI 文献检索

CNKI 首页上分为几个区域，上方为检索区，左边为资源库及特色导航区，右边为学习区和专题图书馆区，中间为动态消息和系列专业期刊区。

CAJViewer
CAJ全文浏览器，中国期刊网的专用全文格式浏览器

支持中国期刊网的TEB、CAJ、NH、KDH和PDF格式文件。可配合网上原文的阅读，也可以阅读下载后的中国期刊网全文，并且打印效果与原版的效果一致。

本地下载

CNKI E-Learning——数字化学习与研究平台

CNKI E-Learning数字化学习与研究平台通过科学、高效地研读和管理文献，以文献为出发点，理清知识脉络、探索未知领域、管理学习过程，最终实现探究式的终生学习。

CNKI E-Learning基于全球学术成果，为读者提供面向研究领域或课题，收集、管理学术资料，深入研读文献，记录数字笔记，实现面向研究主题的文献管理和知识管理；实现在线写作、求证引用、格式排版、选刊投稿，为您提供与CNKI数据库紧密结合的全新数字化学习体验。

本地下载

Adobe Reader
Adobe® Reader® 软件是一种免费、可信的标准，能够可靠地查看、打印和批注PDF文档。它是唯一——款可以打开各种PDF内容（包括

图4-1　CNKI阅读器下载中心

本书在此着重介绍检索平台的使用方法。根据学术文献检索的需求，为满足不同层次检索者的不同需求，中国知网数字出版平台提供多种检索方式，如图4-2所示，首页提供的是

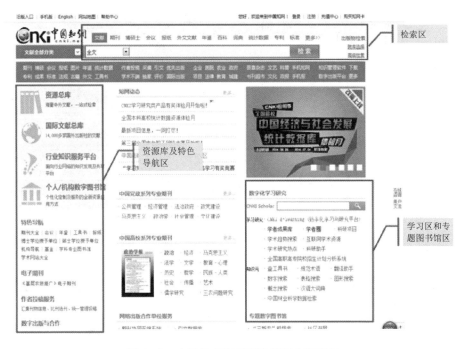

图4-2　中国学术期刊网络出版总库首页

快速检索、高级检索、跨库检索和出版物检索选项。单击"高级检索"选项，系统还提供包括表单式高级检索、专业检索、作者发文检索、科研基金检索、句子检索、来源期刊检索等多项检索方式。根据学术期刊的特点，在平台首页和检索结果页都提供了"文献检索"与"期刊导航"两个通用菜单，方便用户检索；"知网节"检索功能，提供以节点文献为中心的知识网络，可以看到所引用参考文献的记录、被引用情况及相关文献的记录。

（1）快速检索

快速检索提供了类似搜索引擎的一框式检索方式，用户只需要输入所要找的关键词，选择途径和文献类型，单击 检索 就查到相关的文献。

（2）高级检索

高级检索一般分为以下 3 个步骤。

第一步：输入内容检索条件，这里有 7 个选项，如主题、篇名、关键词等，可根据已知条件进行选择。同时还提供布尔逻辑检索式的或、与、非，扩大或缩小检索范围。如图 4-3 所示。

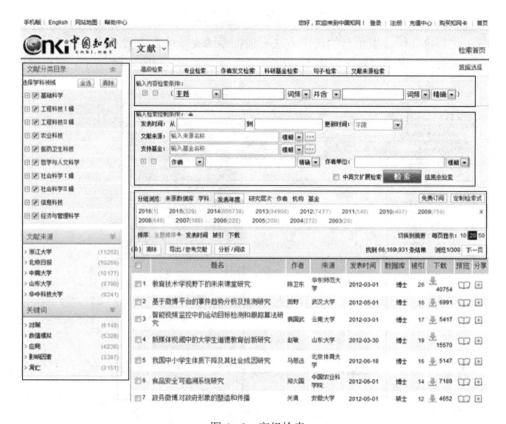

图 4-3　高级检索

第二步：输入检索控制条件。

第三步：对检索结果进行分组筛选。检索结果分组筛选主要通过分组和排序两种分析方法对检索结果进行最优筛选。分组筛选的方法有两种：一是分组分析方法，即按照学科类别、来源数据库、研究层次、文献来源、文献作者、作者单位、中文关键词、研究获得资助、发表年度等进行分组；二是排序分析方法，即按照相关度、发表时间、被引频次、下载频次、浏览频次进行排序。

（3）专业检索

专业检索需要构建检索式，可参照说明进行，此方法用于图书情报专业人员查新与信息分析等工作。

（4）作者发文检索

作者发文检索是通过作者姓名、单位等信息，查找作者发表的全部文献及被引下载情况。通过作者发文检索，不仅能找到某一作者发表的文献，还可以通过对结果的分组筛选情况全方位地了解作者主要研究领域、研究成果等情况。

（5）句子检索

句子检索是通过输入的两个关键词，查找同时包含这两个词的句子，查找出的是包括句子的小段落，并有该段落的作者、文章名称、出版信息，方便读者追踪原文。此项功能旨在期刊论文中进行全文深度检索，是 CNKI 独有的功能。由于句子中包含了大量的事实信息，通过检索句子可以为检索者提供有关事实问题的答案，如图 4-4 所示。

图 4-4　句子检索界面

（6）文献来源检索

文献来源检索是通过输入来源期刊的名称、类别和年期等信息，来查找包含相关信息的期刊。可在检索框中直接输入相应期刊名称作为检索词，也可以单击 对期刊进行选择，如图4-5所示。

图4-5 文献来源检索

3.《中国期刊全文数据库》期刊导航检索

1）期刊导航简介

《中国学术期刊网络出版总库》所收录的学术期刊大部分回溯至创刊，最早的回溯到1915年，为方便读者检索，目前CNKI提供多种期刊导航方式，按专辑、核心刊、出版地、刊期等，方便读者从各种途径对收录期刊进行检索，如图4-6所示。

图4-6 CNKI期刊导航

2）期刊导航检索

期刊导航检索提供了6个检索字段，即来源名称、主办单位、出版者、ISSN、CN。在期刊检索项的下拉菜单中选择"期刊名称、ISSN、CN"后，在检索框中输入相应的检索词进行检索。

下面介绍两种主要的检索方法。

（1）拼音刊名首字母导航检索

单击图4-7中任何一个字母，出现名称以该字母开头的期刊。

图4-7　刊名字母导航

（2）来源分类导航

来源分类导航检索以学科分类为基础，将期刊进行分类，单击首页上的特色导航，显示来源期刊分类导航页面，分为10专辑168专题。检索过程如图4-8所示。单击任何专辑（专题）的名称，可以显示该专辑（专题）下所有期刊，并可用刊名字母检索快速查到所需刊物。图4-9～图4-11为使用来源分类导航检索刊名《包装工程》期刊的实例。过程顺序为：① 进入期刊来源分类；② 查找某一特定期刊《包装工程》；③ 浏览此刊详情；④ 下载全文。

图4-8　来源分类导航

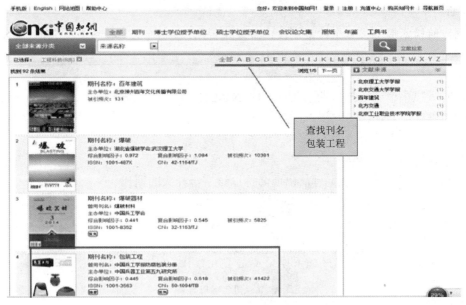

图4-9 查找"包装工程"

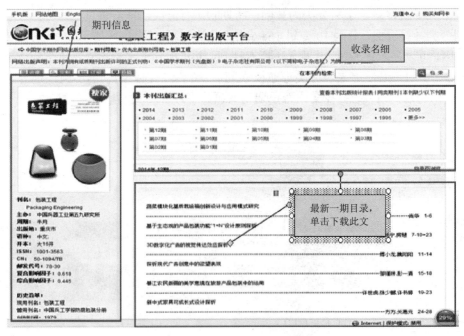

图4-10 期刊"包装工程"详细信息

图4-11 文章全文

4.《中国期刊全文数据库》检索结果分组与排序

（1）检索结果分组

《中国学术期刊网络出版总库》检索结果页面将通过检索平台检索得到的检索结果以列表形式展示出来，并提供对检索结果进行分组分析、排序分析的方法，如图4-12所示，来准确查找文献。检索结果分组类型包括：学科类别、期刊名称、发表年限、研究资助基金、研究层次、文献作者、作者单位、中文关键词。

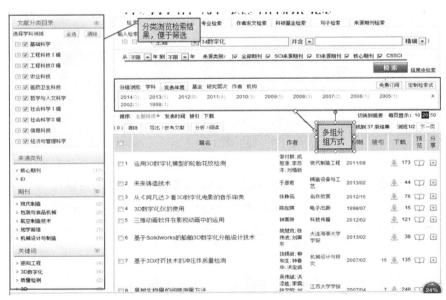

图4-12 检索结果分组界面

（2）检索结果排序

除了分组筛选，CNKI 为检索结果提供了多种排序方式：发表时间、相关度、被引频次、下载频次、浏览频次等排序方式，如图 4-12 所示。

（3）检索结果处理

中国知网对检索结果的处理提供检索结果浏览、标记记录等功能。还可对检索结果进行保存、打印或通过 E-mail 发送到用户的邮箱。

在检索结果页中，如图 4-13 可以浏览命中记录的题录、文摘和下载全文。还可以在已有检索结果中进行二次检索，提供记录的各种相关链接。如相似文献、作者信息、关键词、推荐文献链接，并有独特强大的知网节揭示文献相互间的内在信息。

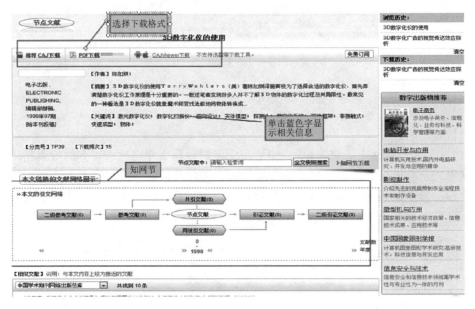

图 4-13　题录的详细信息及引文网络

4.2.3　文献知网节

所谓知网节，是指提供单篇文献的详细信息和扩展信息浏览的页面。它不仅包含了单篇文献的详细信息，还是各种扩展信息的入口汇集点。这些扩展信息通过概念相关、事实相关等方法提示知识之间的关联关系，达到知识扩展的目的，有助于新知识的学习和发现，帮助实现知识获取、知识发现。见图 4-14。

1. 节点文献

节点文献信息包括：篇名（中文/英文）、作者、作者单位、摘要（中文/英文）、关键词（中文/英文）、基金、文献出处、DOI、节点文献全文搜索、知网节下载，其中文献出处显示内容为刊名（中文/英文）、编辑部邮箱、年期。

2. 知识网络中心

单击知网节中作者、导师、作者单位、关键词和网络投稿人中的某一字段，可以直接链接到点击字段在中国学术期刊网络出版总库、中国博士学位论文全文数据库、中国优秀硕士学位论文全文数据库、中国重要会议论文全文数据库、国家科技成果数据库、中国专利数据库等数据库中包含的相关信息。

3. 文献出处

单击知网节文献出处中的期刊名称，可以链接到该期刊的详细信息页面；单击年期信息，可直接链接到该期刊的刊期列表页面；单击编辑部邮箱，可以向该编辑部发送邮件。

4. 知网节下载

单击 知网节下载 ，生成的页面以题录的方式显示参考文献、引证文献、二级引证文献、共引文献、同被引文献、相似文献、文献分类导航等文献内容。

5. 本文的引文网络

如图4-14所示，"本文的引文网络"包括：二级参考文献、参考文献、引证文献、二级引证文献、共引文献、同被引文献。由此可见，知网节将文献的亲朋好友都体现出来，实现真正意义的内容整合，通过它可以了解一个主题的来龙去脉，构成强大的检索平台，减轻检索压力。

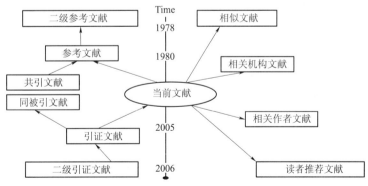

图4-14 文献知网节—本文引文网络图

6. 本文的其他相关文献

"本文的其他相关文献"包括：相似文献、同行关注文献、文献分类导航、相关作者文献、相关机构文献。

4.3 万方数字化期刊全文数据库

万方数字化期刊全文是《万方数据知识服务平台》的重要组成部分,属国家"九五"重点科技攻关项目。它是由万方数据自主建设,基本包括了我国文献计量单位中自然科学类统计源刊和社会科学类核心源期刊的全文资源,是人们了解 Internet 上中文期刊的重要窗口,也是国内著名的文献信息数字产品之一。

截至 2014 年,万方数据各类资源总量已达 1.2 亿条,其中数字化期刊数据 2 700 多万条,数字化期刊全文库集纳了理、工、农、医、哲学、人文、社会科学、经济管理与教科文艺等八大类 100 多个类目的近 5 500 余种核心期刊,实现全文上网、论文引文关联检索和指标统计。从 2001 年开始,数字化期刊已经囊括我国所有科技统计源期刊和重要社科类核心期刊,成为中国网上期刊的门户之一。

该库期刊按中国图书分类法进行划分,内容采用国际流行的 HTML 格式和 PDF 格式制作上网,整体数字化期刊遵循电子期刊以刊为单位的原则,按理、工、农、医、人文排列,交叉入类、刊名查询,检索者可以按照各自的阅读习惯,多角度、全方位地进入期刊主页浏览,具备了网上期刊资源门户的特征,完全满足了读者期刊的需求。

4.3.1 《万方数据知识服务平台》简介

《万方数据知识服务平台》是原万方数据资源系统的全面升级,是建立在因特网上的大型科技、商务信息平台,内容涉及自然科学和社会科学各个专业领域,汇集中外上百个知名的、使用频率较高的科技、经济、金融、文献、生活与法律法规等 110 多个数据库,记录总数达 1 300 多万条。此平台实现了各类文献间的跨库一站式检索,与读秀学术搜索平台是以图书为主力资源的大型学术文献搜索平台相似,万方数据知识服务平台实现的是以期刊学位论文文献数据为主力资源的大型学术文献搜索平台。

4.3.2 万方数字化期刊全文检索指南

1. 首页介绍

万方数据知识服务平台采用开放式首页,如图 4-15 所示,是非常熟悉的类似百度和 Google 的一框式检索界面。从图 4-15 中可知,万方数据知识服务平台首页分成几个区域,即登录区、界面导航区、检索区、其他服务区、资源更新数据区等。

(1) 登录区

在万方数据知识服务平台首页右上角为登录区,用户可以在此登录,不过在整个检索和浏览资源过程中可以不登录,只有在下载全文时要求必须登录。

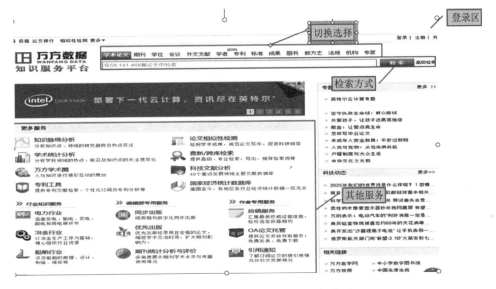

图4-15 万方数据知识服务平台首页

（2）界面导航区

本区域检索者可以根据自己的需要，选择相应的界面浏览或检索所需信息，任意切换。如在导航栏选择"期刊"进入期刊的浏览和导航页面。其做法与读秀相似，就是选择哪种类型文献，系统就将此类文献放在界面中心位置，同时检索出的其他类型文献围绕在界面两边，其余文献类型选项均放在检索框上方供选择切换。方便读者选择，实现一次搜索多种可得。

（3）检索区

首页的检索区提供普通一框式检索与高级检索两种方式。

（4）其他服务

其他服务区从多角度提供各项服务，如知识分析、相似性论文检测、行业知识服务等。

（5）资源更新

首页下拉是万方知识服务平台各类资源总量及每日数据更新情况区域，如图4-16所示。

图4-16 万方知识服务平台各类资源总量及每日数据更新情况

2. 资源检索

从图 4-15 中可知,万方数据知识服务平台在首页提供了两个检索方式:一般检索和高级检索。

(1) 一般检索

一般检索的检索框上方列出了可检索的文献类型,包括学术论文、期刊、学位、会议、专利、标准、成果、法规、企业等。各文献类型的检索方法基本一致。系统默认的检索方式是简单检索。

检索的检索步骤分为 3 步:首先单击相应的按钮,选择要检索的文献类型;然后在检索区的检索框中输入检索词;单击"检索",系统即可自动检索文献。

(2) 高级检索

图 4-17 为万方数据的高级检索表单界面。表单给了 3 条检索入口,使用步骤如下。

第一步,选择文献类型。第二步,选择检索途径,在下拉菜单中有多项选项提供。第三步,填检索词并选择逻辑关系,然后是选择检索时间范围,以更精确检索结果。当所有的检索信息都填写完毕后,单击"检索"按钮,执行检索。

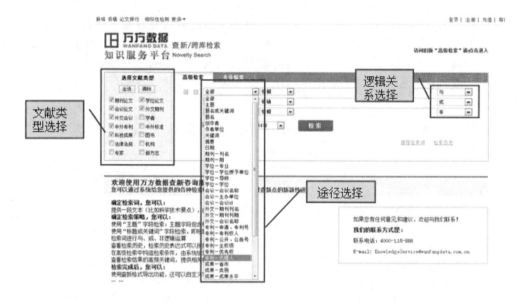

图 4-17 万方数据高级检索界面

4.3.3 万方数字化期刊全文库检索结果管理

不论选择哪种检索方式,系统会根据用户的检索要求提供相应的检索结果界面,例如,用户选择一般检索,检索词为"数控技术",执行检索,会得到如图 4-18 所示的界面。

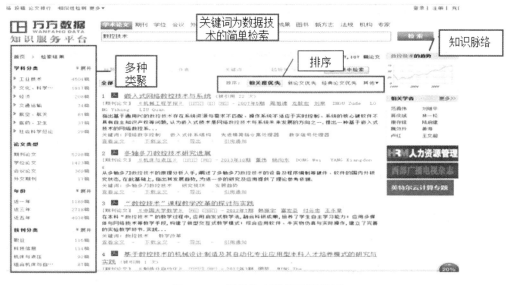

图 4-18 简单检索结果题录界面

1. 检索结果排序

万方数据提供了经典论文优先、最新论文优先、相关度优先 3 种固定的排序方式，并可以在不同的排序方式之间进行切换。系统默认按相关度优先排序。

经典论文优先：用户需要比较经典、有价值的文献，比如被引用数比较多，或者文章发表在档次比较高的杂志上等经典的、有价值的文献优先排在前面。

最新论文优先：用户需要本领域最新的研究成果，发表时间比较新的文章优先排在前面。

相关度优先：用户需要所有和查询的条件内容最相关的文献优先排在前面。

2. 检索结果优化

利用二次检索功能可实现初步检索结果下文献的进一步精确定位。系统在输入框中显示上一次检索的检索表达式，检索者可以直接修改检索表达式进行二次检索；也可以将检索范围限定在此次检索结果中，进一步筛选检索结果，即缩小检索范围。系统将检索结果按学科、年份、文献类型等进行了分类，检索者可以单击相应的分类，查看其对应的检索结果。同时也可以多个检索限制条件组合进行二次检索。

3. 查看检索结果的详细信息

在检索结果页面上单击选中的文献标题，进入详细信息页面，可获得单条资源的详细内容和相关文献信息链接。它不仅包含了单条资源的详细信息（如数据库名、题名、作者、刊名、摘要等），还提供了"查看全文"和"下载全文"链接，见图 4-19。单击文章题名，可查看详细摘要信息、引文链接、文献扩展链接;单击"查看全文"可直接打开 PDF 全文;单击图标可直接下载 PDF 格式全文。此外提供的期刊链接、知识脉络、参考文献链接、作者成果链接等,围绕此条文献提供了一个庞大的知识网。

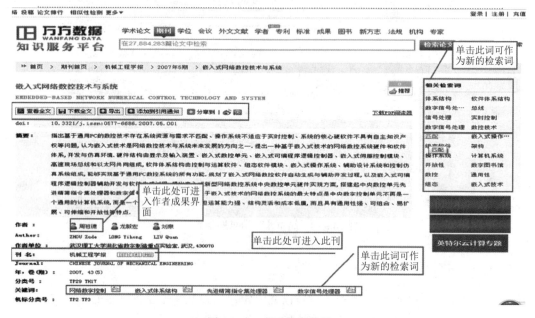

图 4-19　查看检索结果

4. 知识网络引文分析

在检索结果界面,系统还提供了一个宏大的系统,可实现引文分析和文献扩展链接。通过梳理分析文献之间、知识单元之间的关系,构成系统的知识网络,以有效发掘和利用资源实现知识更新和工作创新,见图 4-19、图 4-20 相似文献 引证文献 相关博文。从图中所含信息进行分析,可了解源文献的研究背景,所做研究的依据,以及作者研究之前完成的工作,参考文献、引证文献、作者曾经读过的文献等,进一步了解源文献所做研究工作的发展。

相关检索词,是系统根据用户检索表达式,动态推荐相关主题词引导。

相似文献,是内容与本文研究相类似的文献,可了解其他作者在此题目上从不同角度、深度进行研究的情况,以及研究状况、观点等。

引证文献,是其他作者研究中引用了本文的其他文献。

本文作者读过的文献,可进一步了解源文献作者关注了解过的文献。

系统提供的知识网络引文分析,围绕一篇文献为中心进行全面、详尽、深入挖掘和扩展后形成了一个庞大的知识群。

第 4 章 期刊信息检索

图 4-20 引文分析

5. 获取原文的方式

在万方数据期刊全文数据库中，获取原文的方式有两种：一种是直接在检索结果界面（参见图 4-19）下载；另一种是通过原文传递，此种方式多用在外文文献，如图 4-21 所示。

图 4-21 请求原文传递页面

4.3.4 论文相似性检测系统

万方数据拥有论文相似性检测系统。系统将送检论文与数据库中的文献进行对比,给出检测报告(图4-22),报告提供有相似文献的出版信息、典型段落、相似比例等。如图4-23所示。

图4-22 论文相似性检测报告

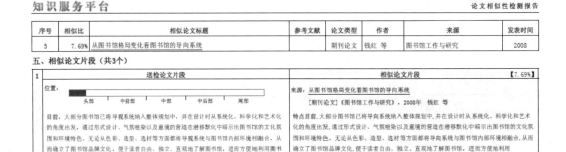

图4-23 相似性论文片断

4.3.5 知识脉络分析

这是万方数据为便于使用者掌握研究题目热度及发展趋势而设立的功能,对于科技人员掌握发展趋势、选择题目、寻找关注点很有参考价值。它基于万方数据的海量资源,以输入的关键词为核心,以统计各时间段发表的相关文章数量来确定研究热度和趋势变化情况,并以矢量图清晰表示,如图4-24所示。图4-25是考察以"3D打印"为题目的研究热度,可以看出研究趋势直线上升,并没有走平或者拐点出现,仍处于热点中。系统还针对题目给出经典文章链接。知识脉络分析已经嵌入检索界面,在执行检索时,所得结果界面会自动出现以此检索词为知识点的研究脉络。

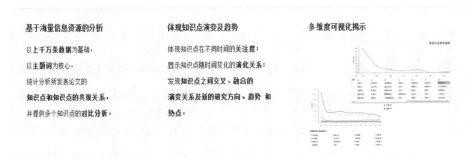

图4-24 知识脉络分析系统

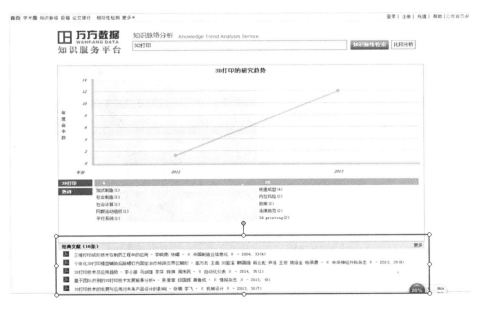

图4-25 知识脉络分析系统实例

4.4 维普《中文科技期刊数据库》

《中文科技期刊数据库》(全文版)源于重庆维普资讯有限公司1989年创建的《中文科技期刊篇名数据库》,是我国最大的数字期刊数据库,目前已拥有包括港澳台地区在内2 000余家大型机构用户,是国内记录容量最大和利用率最高的数据库之一,是我国数字图书馆建设的核心资源之一,高校图书馆文献保障系统的重要组成部分,也是科研工作者进行科技查证和科技查新的必备数据库。

4.4.1 维普知识资源系统

维普知识资源系统(http://www.cqvip.com)是由国家科委西南信息中心重庆维普资讯公司出版,具有收录范围广(1989年以来有关自然科学、工程技术、农业、医药、经济管理、教育科学及图书情报等学科)、数据容量大(8 000余种期刊和科技经济剪报)、著录标准全、全文服务快等特点;其使用方式也日渐多样化,主要有网络使用、镜像站点两种基本检索者服务模式,并根据检索者设备和网络环境,每种模式下又设计了若干种细化服务方式,如网上包库、流量计费、阅读卡、本地的镜像站点、分布的镜像站点、OPAC连接使用、电子期刊整刊网络订阅等多种检索者服务模式。

目前该系统已成为我国科技查新、高等教育、科学研究等单位必不可少的基本工具和资料来源。该系统现在提供有6个数据库、3个服务平台(图书馆学科服务平台LDSP、文献共享服务平台LSSP、维普-Google学术搜索)以及《中文科技期刊评价报告》、维普-Google学术搜索等11种产品。

该网站为开放式首页面,如图4-26所示。检索浏览资源和在线阅读文献首页不需要登录,但阅读次页和下载全文需登录后才能进行。

图4-26 维普首页

4.4.2 下载安装阅读器

为了阅览、打印《中文科技期刊数据库》的全文及检中结果下载,每个用户端都需要下载并安装 PDF 阅读器。在首页中部的右侧(图 4-26),分别单击它们即可下载。图 4-27 为阅读器下载界面,包括 PDF 阅读器、手机客户端、ipad 客户端的下载。

图 4-27 阅读器下载界面

阅读器使用方法介绍如下。

1)编辑 PDF 文档

使用 Adobe Reader 可以选择 Adobe PDF 文档中的文本、表、图像和图形,将其复制到剪贴板,或将其粘贴到其他应用程序中的文档。选择"文件"→"打开",或单击工具栏中的按钮,即可打开 Adobe Reader 中的 PDF 文档。Windows 文档从"文件"菜单选择文档的文件名。

在进行 PDF 文档编辑时,文本文件与图像文件的编辑略有不同,具体方法如下。

① 复制和粘贴文本:如图 4-28 所示,"文本选择"工具可以用于选择 Adobe PDF 文档中的文本或文本块。使用"复制"和"粘贴"命令可将选定的文本复制到其他应用程序,如在 Word 等文字处理软件中粘贴后,就可以进行编辑处理、保存。

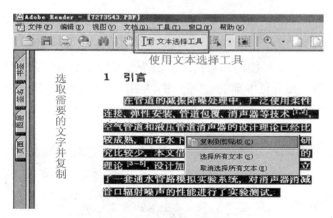

图 4-28　复制和粘贴文本

② 复制图像：单击"快照"工具，以虚线框选所需复制的对象（文本、图形或图文），然后在文本、图像或图文对象周围拖画选框，这时，选定区域会反色高亮显示，当松开鼠标按钮时，选定区域即被自动复制到剪贴板或其他应用程序。打开目标文件，使用"编辑"→"粘贴"命令就可以将复制的内容粘贴到文档中。

2）导览 PDF 文档

可以翻阅 Adobe PDF 文档，或使用书签、缩略图页面和链接等导览工具来导览文档，并可顺着导览路径回溯。

（1）使用书签导览

① 单击窗口左边的"书签"标签，或选择"视图"→"导览标签"→"书签"来显示书签。

② 单击书签跳至其对应的主题。单击父书签旁的加号（+）可展开书签，单击书签旁的减号（-）可隐藏其子书签。

（2）使用页面缩略图导览

页面缩略图提供了文档页面的微型预览。使用"页面"面板中的缩略图，可更改页面显示及跳至其他页面。页面缩略图中的红色页面查看框表示正在显示的页面区域，调整本框可更改视图的缩放率。

3）PDF 文档的搜索和管理

收藏的 PDF 文档多了之后，搜索和管理便是一个大问题。利用搜索功能，可以在当前 Adobe PDF 文档、指定范围的所有文档用文字、短语或句子进行搜索。搜索文档中的文字的操作步骤如下。

（1）选择、打开搜索文档

在工具栏上，单击"搜索"工具（或选择"编辑"之"搜索"，或使用快捷键"Ctrl+F"）；输入要搜索的文字或句子。

（2）选择选项，限定搜索

①"区分大小写"仅搜索与输入内容的大小写完全一致的文字。

② "在书签中搜索"搜索"书签"窗格和文档中的文本。在"书签"窗格中搜索到的内容显示在"列表"的上半部分,并使用不同的符号来区别在文档中搜索到的内容。

③ "在注释中搜索"搜索"注释"中的文本和文档中的文本。在"注释"文本中搜索到的内容包含注释图标、搜索文字及上下文文字等,并在搜索结果列表中列出。选项确定后单击"搜索",搜索结果按页面顺序显示与搜索结果关联的上下文内容。

PDF 文档的管理,最好是分类管理。如将全部 PDF 论文放在一个大目录,类下分中国期刊网论文、学位论文等。再下又分年等类,如此这样,就建立了一个与文献目录管理配合的程序,文件查找也就能轻松实现。

4.4.3 数据库检索方法

1. 检索字段及其代码

维普资源系统各个数据库均提供了多个检索字段,图 4-29 所示首页上简单检索页面的默认字段为"题名/关键词"字段,此外还提供了文献类型等多项选择项。

图 4-29 简单检索界面

2. 检索指南

维普资讯的所有资源系统均提供了简单检索、高级检索、基本检索等方式。见图 4-29~图 4-31。基本检索也是常用的检索方式,此外利用期刊导航也可快速查找整刊文献信息,见图 4-32。

简单检索操作过程简单实用;传统检索是维普资讯《中文科技期刊数据库》老用户习惯的专业检索风格;高级检索提供了多检索条件任意组合检索,检准率高;期刊分类导航,用户可以按照年卷期浏览期刊,实现数字期刊漫游。下面详细介绍数据库检索使用方法。

1) 简单检索

简单检索方式适于对检索结果的全面性、精确性要求不高的检索者,或者缺乏专业文献检索知识和技巧的检索者。

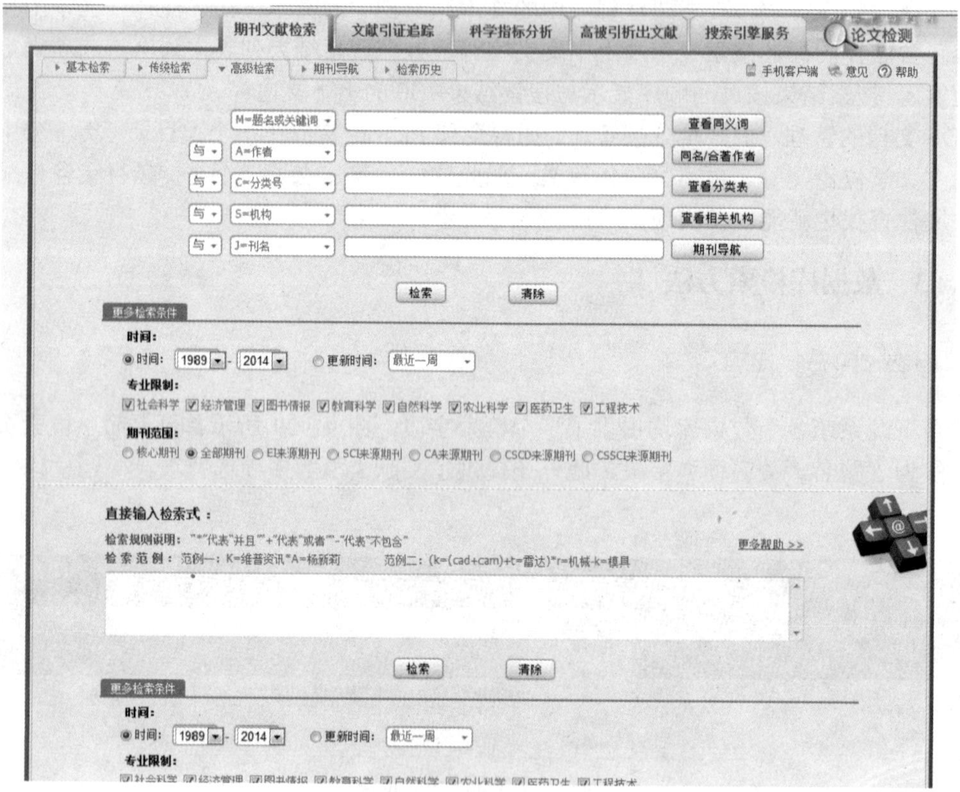

图 4-30 维普资源高级检索界面

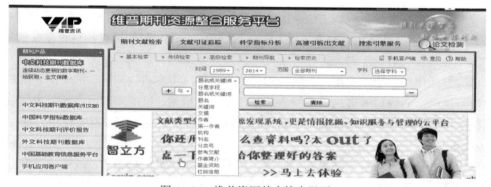

图 4-31 维普资源基本检索界面

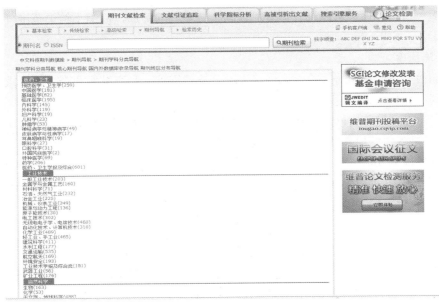

图4-32 维普资源期刊导航界面

简单检索的方法是在首页如图4-29所示的搜索栏中输入检索词并单击"搜索"即可，这种方法也称为快速搜索。用户直接在文本框中输入需要检索的内容，单击"搜索"，即可进入结果页面（图4-33），显示检索到的文章列表，操作过程简单实用。

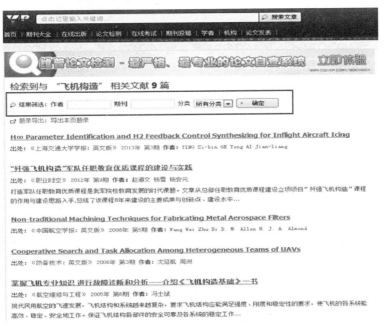

图4-33 简单检索实例

进入简单搜索页后，可以进行作者、期刊、分类等的筛选，以缩小结果范围。也可以实施重新检索。

2）传统检索

熟练的检索者能利用传统检索实现绝大部分检索需求，对查准率和查全率要求很高的检索者也能利用这种方式满足需求。

检索者登录《维普资讯网》首页，单击"高级检索"，在数据库检索区，通过单击"传统检索"，即可进入传统检索页面（图4-34）。其检索步骤如下。

（1）选择检索入口

系统提供了10种检索入口：机构、题名或关键词、题名、关键词、文摘、作者、第一作者、机构、刊名、分类号、任意字段，检索者可根据自己的实际需求选择检索入口、输入检索式进行检索。

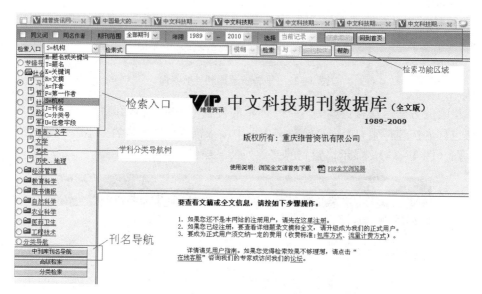

图4-34 传统检索

（2）限定检索范围

如图4-34所示，有多种限定检索范围，如学科类别、年限、范围等方式供选择。

① 学科类别限制：页面左边有分类导航、专辑导航。分类导航是参考《中国图书馆分类法》（第四版）进行分类的，每一个学科分类都可以按树形结构展开，利用导航缩小检索范围，进而提高查准率和查询速度。专辑导航将所有资源按人们通常习惯分成8个专辑，每个专辑均可按树形结构展开供选择。

② 数据年限限制：数据收录年限从1989年至今，系统默认为1989—现在，但检索者可以自行选择所需文献的年限，如需检索某一年如1998年的文献，就可以在检索框中选择"1998—1998"。

③ 期刊范围的限定：期刊范围限制包括全部期刊、核心期刊、EI、SCI、CA、CSCD、CSSCI 等，系统默认状态为全部期刊，检索者同样也可以根据需要选择。

④ 同义词的限定：同义词库功能只有在选择了关键词检索入口时才生效，系统默认状态为关闭，选中即打开。同义词库的使用方法是：首先进入检索界面，传统检索的同义词限定是在其左上角，有"同义词"选择框，在框内打勾，然后在"检索入口"选项内，选"关键词"，并在检索框内输入关键词后进行。而高级检索在第一行检索框的右边有个查看同义词按键，输入检索关键词后，如果同义词表中，有该关键词的同义词，单击查看关键词按钮后系统就会以表的形式将同义词显示出来（见图4-35），让检索者决定是否用这些同义词检索。例如：输入关键词"CAM"检索时，会提示"cam、cam 系统、计算机辅助制造"等是否同时选中作为检索条件，如果选择，则系统自动将该同义词加在检索框内，逻辑关系确定为"与"（见图4-36），从而可提高检索的查全率。

图 4-35　同义词列表

图 4-36　同义词自动添加

同义词功能只适用于3个检索字段：关键词、题名或题名与关键词。

⑤ 同名作者限定：同名作者库功能与上类似，默认关闭，选中即打开。只有在选择了作者、第一作者检索入口时才生效。输入作者姓名检索时，系统会提示同名作者的单位列表，选择想要的单位，单击"确定"即可检出该单位的该姓名作者的文章。

同名作者功能只适用于两个检索字段：作者、第一作者。

（3）检索式和复合检索

简单检索直接输入检索式；目前系统已将各种检索式制作成表单式，通过不同的选择配合，表达使用者较复杂的检索意图，达到精准检索到结果的目的。

复合检索有两种方式：一种是利用二次检索，一种是直接输入检索式。

利用"二次检索"：所谓二次检索，就是在前一次检索结果的基础上再次检索，如图4-37所示。例如，先选用"关键词"检索途径并输入"模具"一词，输出结果共36 437条，见图4-37；再选择"刊名"途径，输入"成都航空职业技术学院学报"，在"与、或、非"的可选项中选择"与"，单击"二次检索"，然后输出的结果就是刊名为"成都航空职业技术学院学报"，包含关键词"模具"的文献，仅有17篇，大大精确了检索结果，见图4-38。二次检索可以多次应用，以实现复杂检索。在基本检索、传统检索均有二次检索入口。

图4-37　二次检索第一步示例

图4-38　二次检索第二步过程及结果示例

直接输入复合检索式：该数据库支持布尔检索，检索符号的对应关系为"*"="与"、"+"="或"、"-"="非"。复合检索式就是按布尔运算的规则书写。但直接输入复合检索式时，必须选用"任意字段"途径。

例如，输入"K= 模具*J=成都航空职业技术学院学报"，检索结果与以上多次二次检索后所得的输出结果相同。检索词前面的英文字母是各字段的代码，可在检索选择框中查看。输入检索式方式可以表达较复杂的检索关系，但便捷性差，普通用户使用较少。

3）学科分类检索

学科分类检索相当于传统检索的分类导航限制检索和读秀、CNKI 的学科分类入口。采用的是《中国图书馆分类法》（第四版）的原版分类体系。学科分类检索与期刊导航有相似之处，学科分类检索是以期刊学科分类为主途径，通过类别检索，得出的是符合学科要求的期刊，然后再浏览选择此期刊的不同年卷期，再选择具体文章。而期刊导航则是以期刊名称为主途径进行查找，找到期刊，再浏览选择此期刊的不同年卷期，再选择具体文章的文章。二者仅是初步入口不同。

实行学科分类检索时，检索者登录《维普资讯网》首页，在界面左边为"学科分类检索"区，见图4-39。分类检索的具体步骤为：

（1）学科类别选择

首先，检索者根据检索需求，直接在如图4-39左边的分类列表中按照学科类别浏览，鼠标拖动可自动显示下级分类类目分类。逐级点开，运用左边方框中的搜索框对学科类别进行查找定位（模糊查找），如果检索结果有多个，则定位在第一个类别上。

图4-39 学科分类的类目展开情况

（2）在所选类别中搜索

在选中学科类别以后，系统显示符合学科条件的期刊信息及部分推荐文章的篇名供选择，图4-40为"金属切削加工及机床"类期刊收录情况。

图4-40 "金属切削加工及机床" 类期刊收录情况

（3）查看期刊收录文章信息

查看期刊收录详细信息，如选择"金属切削加工及机床"类下的《机床与液压》期刊，则直接单击期刊图片，系统则给出此刊信息，包括期刊介绍、收录情况、期刊目录，单击可浏览下载每篇文章，参见图4-41。

图4-41 期刊收录文章信息

4）高级检索

高级检索是一种比较专业的检索方式,这种检索方式适用于对自己的检索请求非常明确、对查准率和查全率要求高的检索者。

读者登录数据库首页,在数据库检索区,通过单击"高级检索",即可进入高级检索页面。高级检索提供了两种方式供读者选择使用:向导式检索和直接输入检索式检索。

（1）向导式检索

向导式检索以表单形式为读者提供分栏式检索词输入方法。可选择逻辑运算、检索项、匹配度外,还可以进行相应字段扩展信息的限定,最大限度地提高了"检准率"。同时,在高级检索里面,使用扩展功能可定义非常复杂和精准的检索请求。如图4-42所示。

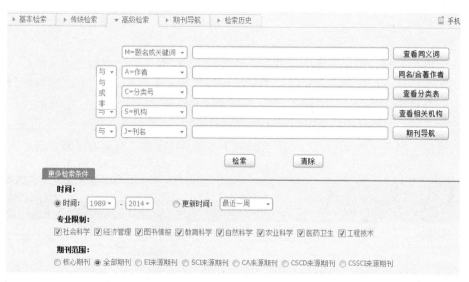

图4-42　向导式检索界面1

用户还可以根据需要,以时间条件、专业限制、期刊范围进一步限制范围。

提示:在进行以上相关的同义词、同名作者、分类表、相关机构和变更情况等信息的查询时,必须在前面输入相应的检索词,否则不能进行操作。

（2）直接输入检索式检索

读者可在检索框中按说明和范例,直接输入逻辑运算符、字段标识等,选择更多检索条件下时间、专业、期刊范围等限制条件后,单击"检索"按钮即可。如图4-43所示。

检索规则中关于逻辑运算符、检索代码同前所述,关于检索优先级如此限定:无括号时逻辑与"*"优先,有括号时先括号内后括号外。括号（）不能作为检索词进行检索。

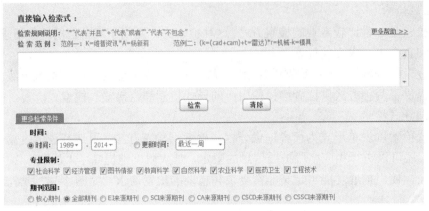

图 4-43 直接输入检索式界面

5）期刊检索

期刊检索是从期刊角度供使用者查找某种期刊，了解载文情况进而查找文献的一种途径。检索方式有两种，一是检索者登录"维普资讯网"首页，有"期刊大全"选项，可作为从期刊名称途径查找期刊入口，参见图4-29。单击后，进入期刊大全界面，如图4-44所示。此外，登录首页后，在数据库检索区，单击"高级检索"，进入后再通过单击"期刊导航"，可进入期刊检索页面，见图4-45。下面详细介绍期刊导航提供的检索方法及功能。

图 4-44 期刊大全界面

第4章 期刊信息检索

图4-45 期刊导航检索界面

（1）检索方法

期刊大全提供了4种条检索途径，即期刊刊名（或号码）检索途径、字顺检索途径、分类检索途径和期刊导航。同时，为了满足不同检索者的不同需求，该数据库还为检索者提供了检索核心期刊、国外数据库、期刊地区分布导航等功能。核心期刊可以为图书情报部门选购期刊提供参考依据、为图书馆员指导读者阅读提供参考依据、为文献数据库建设选择来源刊提供参考依据、为科研管理部门的学术成果评价提供参考依据等。因此，检索者在利用期刊检索时，可以根据自己的专业范围、学术级别等具体情况，参考核心期刊表，经过甄虑后定出自己所需的期刊，这是缩小检索范围，快速检索到权威、专业、重要的文章的一种方法。

① 期刊刊名（或号码）检索途径：该途径提供刊名和ISSN号的检索入口，检索者如果知道准确的刊名或ISSN号，在输入框中输入刊名或ISSN号，单击"搜索"，即可进入期刊名列表页，然后单击所需刊名即可进入期刊内容页。见图4-46。

该检索途径需要提示3点：ISSN号检索必须是精确检索；刊名字段的检索是模糊检索；刊名检索提供二次检索功能。

② 字顺检索途径：字顺检索即按期刊名的第一个字汉语拼音的首字母字顺进行查找。若检索者单击字母K，即可列出以拼音字母K为首字母的所有期刊列表。提供信息包括刊名、刊期、ISSN编号、CN号、是否核心刊及对期刊的评价，见图4-47，评价内容见图4-48。

图 4-46　期刊刊名检索结果列表

图 4-47　首字母检索结果列表

图 4-48　期刊评价

③ 分类检索途径：分类检索即是检索者根据需求按照学科分类所需期刊。学科分类共分为医药卫生、工业技术、自然科学、农林牧渔、社会科学 5 个大类，每个大类下又划有若干小类。检索时，单击某一分类可查看期刊列表，分类检索途径见图 4-49。

图 4-49　期刊大全工业技术类期刊及类目列表

④ 期刊导航。如果从首页高级检索进入，系统提供的期刊导航还提供更多角度的期刊选择途径，如核心期刊导航，期刊地区分布导航、期刊学科分类导航等。期刊列表页面上提供的期刊信息有：刊名、ISSN 号、CN 号、核心期刊标记，见图 4-50。

图 4-50 核心期刊导航

按学科分类下也可选择核心期刊，如工业技术学科金属学与金属工艺类下期刊 160 种（图 4-51），如果再单击北大 2011 核心期刊，显示符合条件的只有 27 种。见图 4-52。

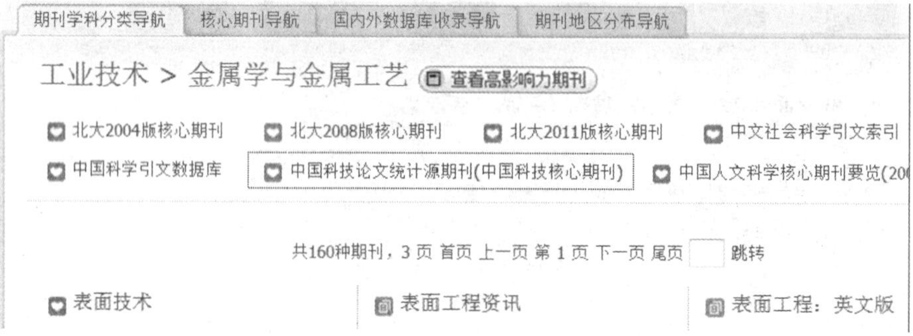

图 4-51 分类导航工业技术-金属学与金属工艺期刊 160 种

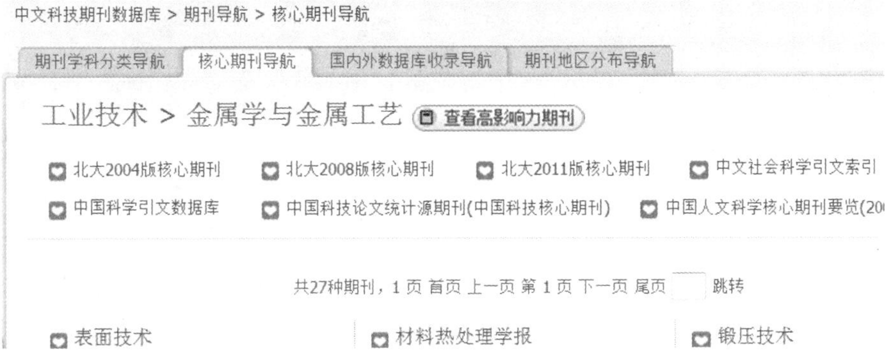

图 4-52 核心期刊 27 种

（2）文章检索

单击期刊列表页面上的期刊名称，即可跳转到该刊的详细介绍页面，如图 4-53 所示，从图 4-53 中可知，文章检索可按年、期查看单个期刊的情况并直接在本刊中进行检索。

图 4-53 期刊导航——文章检索界面

3. 检索结果显示及全文下载

1）检索结果及重新检索

以上各种检索方式检索结果可参见图4-53。如果对当前的检索结果不满意，需要调整检索式重新检索，也可直接在检索框中输入检索条件，单击"文章搜索"进行检索。

2）单篇文章详细信息浏览

在检索结果展示区，提供了文章的标题、文摘、作者、刊名、出版年期等信息供浏览。如果想浏览更详细的文章信息或者下载全文，可单击文章的标题，进入单篇文章的详细信息展示页面进行阅读，见图4-54。

图4-54 单篇文章详细信息

单篇文章的详细信息展示页面上，系统提供文章的基本信息，如文章标题、作者及所在机构、文章所属期刊、文摘、关键词、文章所属学科分类、文章的相关文献等。

3）相关文章

单篇文章的详细信息展示页面上的相关文章包含参考文献、相似文献等。如果读者想查看当前文章的参考文献，直接单击"参考文献"即可查看到当前文章的所有参考文献。

4）文章下载

系统提供在线阅读和下载全文两种方式供全文阅读，见图4-55。

图 4-55　文章全文

第 5 章

标准文献信息检索

5.1 标准概论

标准是特种文献之一,现存最早的标准文献是公元前 1500 年古埃及纸莎草纸的文献,其中抄录了处方标准及计量方法。现代标准文献最早起源于英国工业革命。1901 年英国成立了世界上第一个国家标准组织"英国标准学会",同年世界上第一批现代标准文献问世。此后,美国、德国、法国、日本等国家相继建立了全国性标准化机构,并出版了各自的标准文献。

中国最早的标准可以追溯到公元前 2700 年黄帝建立的度量制。秦始皇时第一次统一了全国的度量衡。但是在旧中国,由于经济技术的落后,一直没有自己的技术标准,而是采用外国标准。1957 年国家科委设立了标准局,1958 年首次颁布了 128 个国家标准。1962 年国务院颁布《工农业产品和工程建设技术标准管理办法》,作为中国标准化的重要文件,是标准化工作的政策依据。1978 年国家标准总局成立,1979 年颁布《中华人民共和国标准管理条例》。1988 年 12 月 29 日中华人民共和国第七届全国人民代表大会常务委员会第五次会议通过了《中华人民共和国标准化法》,并于 1989 年 4 月 1 日起开始实施。《标准化法》是中华人民共和国的一项重要法律,《标准化法》规定了我国标准化工作的方针、政策、任务和标准化体制等,是国家推行标准化,实施标准化管理和监督的重要依据。1990 年 4 月 6 日年国务院批准制定的《中华人民共和国标准化法实施条例》发布,条例自发布之日起实施。《标准化法》的实施,使我国的标准化工作走上正轨,并为发展社会主义商品经济,促进技术进步,改善产品质量,提高社会经济效益,维护国家和人民的利益,适应社会主义现代化建设和发展需要,解决经济体制和政治体制深入改革等做出了贡献。

5.1.1 标准及标准的特点

标准在我国公布的国家标准 GB 3985.1—83 GB/T 20000—2014k 中定义为"通过标准化活动,按照规定的程序经协商一致制定,为各种活动或其结果提供规则、指南或特性。供共同使用和重复使用的文件"。国际标准化组织(ISO)对标准的定义为"标准是经公认的权威当局批准标准化工作成果"。标准作为科技、生产活动共同遵守的准则和依据,其本质特征是统一，其目的是获得最佳秩序和社会效益。在人们的科技、生产活动中，标准工作及标准文献都发挥着极其重要的作用。

标准的特点是具有权威性、强制性、法律性和时效性。由于标准是由主管机构批准，以特定形式发布，要求社会相关行业共同遵守的规定，所以它具有权威性。标准要求相关行业共同遵守，特别是强制性标准，必须遵守，是它的强制性的体现。标准具有法律性，以标准作为衡量产品和生产活动的尺度和依据，以法律的手段保证标准推行，保障生产质量和社会秩序，体现出标准的法律性。标准具有时效性，是由于科技的进步、生产技术的发展，水平的提高，标准也要做与之相适应的调整。

5.1.2 标准的编号

不同的国家和地区，都对本国家、地区所颁发的标准给予编号。标准编号的基本结构为：标准代号+专业类号+顺序号+年代号。

5.1.3 标准的类型

标准类型的划分方法有多种，这里介绍其中主要的几种。

1. 按适用地区和有效范围划分

1）国际标准

国际标准是指由国际标准化组织通过的标准，也包括参与标准化活动的国际团体通过的标准。在 GB/T 20000.1—2014《标准化基本术语 第一部分》中国际标准的定义为：由国际标准化组织或国际标准组织通过并公开发布的标准。如国际标准化组织 ISO 标准和国际电工委员会 IEC 标准等。

（1）ISO 国际标准化组织标准

ISO 是一个组织的英语简称。其全称是 International Organization for Standardization，翻译成中文就是"国际标准化组织"。

国际标准化组织是世界上最大的非政府性标准化专门机构，它在国际标准化中占主导地位。ISO 的主要活动是制定国际标准，协调世界范围内的标准化工作，组织各成员国和技术委员会进行情报交流，以及与其他国际性组织进行合作，共同研究有关标准化问题。

ISO 的目的和宗旨是：在世界范围内促进标准化工作的发展，以利于国际物资交流和互助，并扩大在知识、科学、技术和经济方面的合作。ISO 现有 117 个成员，包括 117 个国家和地区。ISO 的最高权力机构是每年一次的"全体大会"，其日常办事机构是中央秘书处，设在瑞士的日内瓦。

随着国际贸易的发展，对国际标准的要求日益提高，ISO 的作用也日趋扩大，世界上许多国家对 ISO 也更加重视。

ISO 标准编号形式是 ISO—顺序号—年代。

（2）IEC 国际电工标准化组织标准

英文全称为 International Electrotechnical Commission

IEC 是世界上成立最早的非政府性国际电工标准化机构。目前 IEC 成员国包括了绝大多数的工业发达国家及一部分发展中国家。这些国家拥有世界人口的 80%，其生产和消耗的电能占全世界的 95%，制造和使用的电气、电子产品占全世界产量的 90%。

IEC 的宗旨：促进电工标准的国际统一，电气、电子工程领域中标准化及有关方面的国际合作，增进国际间的相互了解。

IEC 标准编号形式是 IEC—顺序号—年代。

2）区域标准

区域标准是世界某一区域标准化团体通过的标准，也包括参与标准化活动的区域团体通过的标准。如欧洲标准化委员会（CEN）及欧洲电工委员会（CENELED）制定的欧洲标准等。

3）国家标准

国家标准是根据全国统一的需要，由国家标准化主管机构批准、发布的标准。是对全国经济技术发展有重大意义，需要在全国范围内统一技术要求制定的标准。如我国的国家标准、美国国家标准、英国国家标准、日本国家标准等。

4）外国国家标准简介

（1）ANSI 美国标准

由美国国家标准学会制定。ANSI 是非营利性质的民间标准化团体，实际上已成为美国国家标准化中心，协调并指导美国全国的标准化活动，给标准制定、研究和使用单位以帮助，提供国内外标准化情报。同时，又起着行政管理机关的作用。

编号方法：ANSI—分类号—序号—年代。

例如，ANSI A58.1—1982。

（2）BS 英国标准

由英国标准学会制定。英国标准学会（BSI）成立于 1901 年，拥有 100 多年的悠久历史，是世界上最早的全国性标准化机构，也是英国的国家标准机构，负责制定和更新英国国家标准，并制定了大量国际标准和欧洲标准。BSI 代表英国参加国际标准化组织（ISO）和国际电工委员会（IEC），也是 ISO 和 IEC 的发起组织者之一。BSI 通过提供标准、技术信息、体系评审、产品测试和商检服务，使客户能够高效地开展国际贸易活动。英国标准学会制定和修订英国标准，并促进其贯彻执行。

编号方法：BS—序号—年代。

例如，BS 6348：1983。

（3）DIN 德国标准

由德国标准化学会制定。DIN 是一个经注册的私立协会，于 1951 年参加国际标准化组织。是德国标准化主管机关，作为全国性标准化机构参加国际和区域的非政府性标准化机构。

编号方法：DIN—序号—年代。

例如，DIN 11911—1979。

（4）JIS 日本工业标准

由日本工业标准调查会制定。日本工业标准调查会成立于 1946 年，由总会、标准会议、部会、专门委员会组成，标准会议下设 29 个部会，部会负责审查专门委员会会议上通过的 JIS 标准草案，专门委员会负责审查 JIS 标准的实质内容。

编号方法：JIS—字母类号—数字类号—序号—年代。

例如，JIS C 96 07—79。

（5）NFNOR 法国标准化协会标准

法国标准化协会是一个公益性的民间团体，也是一个被政府承认，为国家服务的组织。负责标准的制、修订工作，宣传、出版、发行标准。

编号方法：NF—字母类号—数字类号—顺序号—年代。

例如，NFC 73—411—80。

（6）IEEE 美国电器电子工程师学会

IEEE 美国电器电子工程师学会于 1963 年由美国电气工程师学会（AIEE）和美国无线电工程师学会（IRE）合并而成，是美国规模最大的专业学会。

编号方法：IEEE—标准序号—年代。

例如，IEEE 1488—2000。

2. 按成熟程度分

（1）强制性标准

该标准是国家通过法律的形式，明确要求对于一些标准所规定的技术内容和要求必须执行，不允许以任何理由或方式加以违反、变更，这样的标准被称之为强制性标准，包括强制性国家标准、行业标准和地方标准。对违反强制性标准的，国家将依法追究当事人法律责任。依据我国《标准化法》规定，强制性标准就是技术法规。

（2）推荐性标准

推荐性标准称为非强制性标准或自愿性标准。是指在生产、交换、使用等方面，通过经济手段或市场调节而自愿采用的一类标准。这类标准，不具有强制性，任何单位均有权决定是否采用，违犯这类标准，不构成经济或法律方面的责任。应当指出的是，推荐性标准一经接受并采用，或各方商定同意纳入经济合同中，就成为各方必须共同遵守的技术依据，具有法律上的约束性。

（3）试行标准

由于标准中的某些数据、试验方法等不够成熟，需要试用一段时间后重新审查，根据各方面的意见以确定是否可以修订成为正式标准，或者应予取消。

3. 按内容性质分

（1）技术标准

技术标准包括基础标准、方法标准、产品标准、安全卫生标准、环保标准等。技术标准是对产品和工程建设质量、规格、技术要求、生产过程、工艺规范、检验方法和计量方法所做的技术规定，是组织现代生产、进行科学管理的重要技术文献。

（2）管理标准

管理标准包括基础管理、经济管理、生产管理、技术管理、质量管理、物质管理、安全卫生、环保及行政管理标准。

（3）工作标准

工作标准包括基础工作、工作质量、工作程序、工作方法等。

4. 标准的有效期

自标准实施之日，至标准复审修订或废止的时间，称为标准的有效期，又称标龄。各国标准的有效期不同。ISO 标准每 5 年复审一次，平均标龄为 4.92 年。我国规定国家标准有效期一般为 5 年。技术人员应该十分关注标准的有效期，防止使用过期标准。

5. 标准的修订

由于技术发展和生产水平的不断提高，标准也会出现陈旧、过时、淘汰现象，如标准技术要求落后或者过低、内容与现行法律法规不符，或者顶层通用标准的技术内容发生变化必须进行修订以配套一致等，总之，标准要进行修改以适应技术发展的需要。修改后的新标准，其编号中序号不变，年代使用修改后重新颁布年代。如：GB/T 6092—1985 和 GB/T 6092—2004 都是对直角尺制定的标准，是同一事物的标准，后者是经 2004 年修订后替代 1985 年原旧标准的新标准。使用标准时要特别注意它的修改情况信息，尤其在维修工作中的零部件、配件更换等类似情况时，一定要注意它使用的标准情况。

6. 标准的废止

经复审后确认，标准内容已不适应当前生产、使用和经济建设的需要，或其技术内容已被其他标准代替，或者原技术、产品停止使用和生产，已无存在必要的标准，则应予以废止。

5.1.4 标准文献

标准文献是标准化工作中产生的一系列文献，包括技术标准、管理标准、相关法律法规等具有标准性质的文献。标准文献是记录和传播标准信息的载体，是企业生产、新产品开发的重要依据，标准文献是一种重要的科技出版物。一个国家的标准文献反映着该国的经济政策、技术政策、生产水平、加工工艺水平、标准化水平、自然条件、资源情况等内容，对于全面了解该国的工业发展情况，是一种重要的参考资料。

标准文献的主要特点为：能较全面地反映标准制定国的经济和技术政策、技术、生产及工艺水平，自然条件及资源情况等；能够提供许多其他文献不可能包含的特殊技术信息。它们具有法律性、时效性、可靠性和滞后性等特点，有统一的产生过程和出版格式。标准文献是准确了解社会经济领域各方面技术信息的重要参考文献。

5.2 中国标准

《中华人民共和国标准化法》规定我国标准分为4级，即国家标准、行业标准、地方标准和企业标准。国家标准在全国范围内适用，其他各级标准不得与之相抵触。国家标准是4级标准体系中的主体。

5.2.1 中国标准的类型和代码

1. 国家标准

我国在1978年成立国家标准局，并参加国际标准化组织。我国的国家标准由国务院标准化行政主管部门制定，编号方法为：代号—序号—年代。代号由国标二字的大写汉语拼音字母GB表示。国家标准分为强制性标准和推荐性标准，强制性标准代号用代号—序号—年代，推荐性标准加字母T。

例如，GB/T 6092—2004 直角尺，表示为国家颁布的第6092号推荐性标准，修改、实施时间为2004年。

2. 行业标准

行业标准是指对没有国家标准而又需要在全国某个行业范围内统一的技术要求所制定的标准。行业标准是对国家标准的补充，是专业性、技术性较强的标准。行业标准由国务院有关行政主管部门制定，并规定行业标准的制定不得与国家标准相抵触，国家标准公布实施后，相应的行业标准即行废止。

行业标准编号形式为"行业标准代号—标准顺序号—年代"。行业标准有强制性标准和推荐性标准两种，推荐性标准加字母T。行业标准代号由两个汉语拼音字母组成，不同的行业有不同的代号，如铁路标准行业代号为TB、冶金行业标准代号为YB等。

例如：TB/T 1998—1996 机车高温瓷件订货技术条件意为铁路行业1996年批准的第1998号推荐性标准。

行业标准代号见表5-1。

表 5-1 行业标准代号表

序号	标准类别	标准代号	批准发布部门	标准组织制定部门
1	安全生产	AQ	国家安全生产管理局	
2	包装	BB	国家发改委	中国包装工业总公司
3	船舶	CB	国防科学工业委员会	中国船舶工业总公司
4	测绘	CH	国家测绘局	国家测绘局
5	城镇建设	CJ	建设部	建设部
6	新闻出版	CY	国家新闻出版总署	国家新闻出版总署
7	档案	DA	国家档案局	国家档案局
8	地震	DB	中国地震局	中国地震局
9	电力	DL	国家发改委	国家发改委
10	地质矿产	DZ	国土资源部	国土资源部
11	核工业	EJ	国防科学工业委员会	中国核工业总公司
12	纺织	FZ	国家发改委	中国纺织工业协会
13	公共安全	GA	公安部	公安部
14	建工国标 5 万号以上	GBJ	国防科工委	
15	供销	GH	中华全国供销合作总社	中华全国供销合作总社
16	国军标	GJB		
17	广播电影电视	GY	国家广播电影电视总局	国家广播电影电视总局
18	航空	HB	国防科学工业委员会	中国航空工业总公司
19	化工	HG	国家发改委	中国石油和化学工业协会
20	环境保护	HJ	国家环境保护总局	国家环境保护总局
21	海关	HS	海关总署	海关总署
22	海洋	HY	国家海洋局	国家海洋局
23	机械	JB	国家发改委	中国机械工业联合会
24	建材	JC	国家发改委	中国建筑材料工业协会
25	建筑工业	JG	建设部	建设部
26	建工行标	JGJ		
27	金融	JR	中国人民银行	中国人民银行
28	交通	JT	交通部	交通部
29	教育	JY	教育部	教育部
30	旅游	LB	国家旅游局	国家旅游局
31	劳动和劳动安全	LD	劳动和社会保障部	劳动和社会保障部
32	粮食	LS	国家粮食局	国家粮食局
33	林业	LY	国家林业局	国家林业局
34	民用航空	MH	中国民航管理总局	中国民航管理总局

续表

序号	标准类别	标准代号	批准发布部门	标准组织制定部门
35	煤炭	MT	国家发改委	中国煤炭工业协会
36	民政	MZ	民政部	民政部
37	农业	NY	农业部	农业部
38	轻工	QB	国家发改委	中国轻工业联合会
39	汽车	QC	国家发改委	中国机械工业联合会
40	航天	QJ	国防科学工业委员会	中国航天工业总公司
41	气象	QX	中国气象局	中国气象局
42	国内贸易	SB	商务部	商务部
43	水产	SC	农业部	农业部
44	石油化工	SH	国家发改委	中国石油和化学工业协会
45	电子	SJ	信息产业部	信息产业部
46	水利	SL	水利部	水利部
47	商检	SN	国家质量监督检验检疫总局	国家认证认可监督管理委员会
48	石油天然气	SY	国家发改委	中国石油和化学工业协会
49	海洋石油天然气	SY（10000号以后）	国家发改委	中国海洋石油总公司
50	土地管理	TD	国土资源部	国土资源部
51	铁道交通	TJ	铁道部标准所	
52	体育	TY	国家体育总局	国家体育总局
53	物资管理	WB	国家发改委	中国物流与采购联合会
54	文化	WH	文化部	文化部
55	兵工民品	WJ	国防科学工业委员会	中国兵器工业总公司
56	外经贸	WM	外经贸部科技司	
57	文物保护	WW	国家文物局	
58	稀土	XB	国家发改委稀土办公室	国家发改委稀土办公室
59	黑色冶金	YB	国家发改委	中国钢铁工业协会
60	烟草	YC	国家烟草专卖局	国家烟草专卖局
61	通信	YD	信息产业部	信息产业部
62	有色冶金	YS	国家发改委	中国有色金属工业协会
63	医药	YY	国家食品药品监督管理局	国家食品药品监督管理局
64	邮政	YZ	国家邮政局	国家邮政局
65	中医药	ZY	国家中医药管理局	国家中医药管理局

注：行业标准分为强制性和推荐性标准。表中给出的是强制性行业标准代号，推荐性行业标准的代号是在强制性行业标准代号后面加"/T"。

3. 地方标准

地方标准是指对没有国家标准和行业标准,而又需要在省、自治区、直辖市范围内统一工业产品的安全、卫生要求所制定的标准。地方标准由省、自治区和直辖市标准化行政主管部门制定,在本行政区域内适用。地方标准同样不得与国家标准和行业标准相抵触。国家标准、行业标准公布实施后,相应的地方标准即行废止。

地方标准编号形式为"地方标准代号—地方标准顺序号—年号"。有强制性标准和推荐性标准两种,推荐性标准加字母T。地方标准代号由DB加省、市、自治区、直辖市行政区划代码前两位数加斜线组成。

例如:DB11/199—98意为北京1998年发布的第199号强制性标准。

表5-2为地方标准代号示意表。

表 5-2 地方标准代号示意表

序号	代号	含义	管理部门
1	DB+省级行政区划代码前两位	中华人民共和国强制性地方标准代号	省级质量技术监督局
2	DB+省级行政区划代码前两位/T	中华人民共和国推荐性地方标准代号	省级质量技术监督局

表5-3为省、自治区、直辖市、特别行政区行政代码表。

表 5-3 省、自治区、直辖市、特别行政区行政代码表

代码	省、自治区、直辖市	代码	省、自治区、直辖市、特别行政区
110000	北京市	430000	湖南省
120000	天津市	440000	广东省
130000	河北省	450000	广西壮族自治区
140000	山西省	460000	海南省
150000	内蒙古自治区	500000	重庆市
210000	辽宁省	510000	四川省
220000	吉林省	520000	贵州省
230000	黑龙江省	530000	云南省
310000	上海市	540000	西藏自治区
320000	江苏省	610000	陕西省
330000	浙江省	620000	甘肃省
340000	安徽省	630000	青海省
350000	福建省	640000	宁夏回族自治区
360000	江西省	650000	新疆维吾尔自治区
370000	山东省	710000	台湾省
410000	河南省	810000	香港特别行政区
420000	湖北省	910000	澳门特别行政区

4. 企业标准

企业标准是由企业批准发布的标准，仅限企业内部使用。企业标准由企业自己制定，政府管理部门批准备案才能生效。

企业标准编号形式为"企业标准代号—标准顺序号—发布年代号"。企业标准代号由"Q"加斜线和企业代号组成。企业代号可用汉语拼音字母或阿拉伯数字或两者兼用组成，按中央所属企业和地方企业分别由国务院有关行政主管部门和省、自治区、直辖市政府标准化行政主管部门会同同级有关行政主管部门规定。企业标准编号见表5-4。

表 5-4 企业标准编号

代　号	含　义	管理部门
Q + 企业代号	中华人民共和国企业产品标准	企业

表5-5为广东省佛山市两个企业的企业标准。

表 5-5 企业标准实例

标准号	备案号	标准名称	企业名称	实施日期
Q/TCJ 2—2009	QB/440600 67 3627—2009	烘炒坚果、果仁	佛山市现海区下西土产加工厂	2009-12-29
Q/FS 7.5—2009	QB/440600 59 1547—2009	D133A型复摇机	佛山纺织机械厂	2009-6-26

5.2.2 中国标准分类

中国标准的分类一般标准网站上都有提供，按类目名称查找即可。从分类角度查找标准有一定难度，使用者多习惯使用关键词途径。但在需了解某一专业全部标准制定情况时，使用分类途径是最方便和全面的。

我国标准的分类，采用《中国标准文献分类法》（以下简称中标法，缩写CCS），中标法由国家标准局1984年制定。

中标法的体系结构以专业划分为主，遵从人类的基本生产活动排序，按由总到分的原则进行划分。分类表由一级类目和二级类目组成，一级类目共24个，分别用一位字母表示，如表5-6所示。

表 5-6 中国标准分类法一级类目表

A 综合	B 农业、林业	C 医药、卫生、劳动保护
D 矿业	E 石油	F 能源、核技术
G 化工	H 冶金	J 机械

续表

K 电工	L 电子元器件与信息技术	M 通信、广播
N 仪器、仪表	P 工程建设	Q 建材
R 公路、水路运输	S 铁路	T 车辆
U 船舶	V 航空、航天	W 纺织
X 食品	Y 轻工、文化与生活用品	Z 环境保护

一级类目向下划分出二级类目，二级类目由双位数字表示。例如 A 综合类的二级类目划分如表 5-7 所示。

表 5-7 A 综合类二级类目表

00/09 标准化管理与一般规定	65/74 标准物质
10/19 经济、文化	75/79 测绘
20/39 基础标准	80/89 标志、包装、运输、贮存
40/49 基础科学	90/94 社会公共安全
50/64 计量	

使用时，按标准内容，从上至下、从总至分，选择适当的分类号。

例：查找有关包装方面的标准分类号。

使用《中国标准分类法》。

第一步，在中标法一级类目中查找，24 个一级类目，按从总到分的原则排序，以专业划分，包装标准应属于综合类 A 类，确定一级类目号为 A。

第二步，在 A 类二级表中再依次查找，得到：

A80/89 标志、包装、运输、贮存

符合题目条件。确定包装标准的中国标准分类号为 A80。

掌握标准分类对初学者有一定的难度，实际使用中，分类途径多用于按分类浏览该类全部标准制定情况，而查找标准则多使用主题或者标准号方法。标准分类表在各标准网站均有提供，可供使用。

5.2.3 中国标准检索工具

目前人们多使用标准网站的检索系统查找标准，标准网站提供的检索功能强大的检索平台，其使用方法基本一致，使用也非常简单易学。但由于部分企业和单位仍收藏有纸质检索工具，同时，出版界也在继续出版，且网站检索平台采用的名词术语，检索方式，标准的组织方式和检索出的信息，也是依仿纸质检索工具，所以学习了解纸质检索工具仍有必要。中国标准的纸质检索工具主要为各种目录。目录分为综合性目录的和专业性目录。特别是专业标准汇编类的工具书,将相关标准汇集一册,附多种索引方便查找,并提供标准全文,是科技工作常用的工具。下面仅以一种为例进行介绍。

中华人民共和国标准目录及信息总汇 2009 上、下

综合性标准目录,由国家标准化管理委员会编,中国标准出版社出版。该目录每年出版一次,收录上一年度批准发布的全部国家标准信息,同时还收录有补充替代的国家标准目录、废止国家标准目录及国家标准修改更正、勘误通知等信息。由于网络查找标准更方便快捷,此书 2009 年后没再出新版。但其使用术语、格式、内容、方式方法与供网络查找相同,可供参考。

该书由以下 4 部分组成。

① 第一部分《国家标准专业分类目录》,收录 2002 年底止批准发布的现行国家标准 2 万多项。按中标法顺序编排。每大类前给出 CCS 二级类目表,正文信息如表 5-8 所示。

表 5-8 国家标准专业分类目录正文

类号	标准编号	标准名称	采标情况	代替标准
A80	GB/T 13040—1991	包装术语 金属容器 Packaging terms-Metal containers		
A80	GB/T 13201—1997	圆柱体运输包装尺寸系列 Packaging-Dimensions of cylinder transport package	neq ТОСТ 21140:	GB 13201—1991
A80	GB/T 13384—1992	机电产品包装通用技术条件 General specification for packagings of mechanical and electrical product		
A80	GB/T 13385—1992	包装图样要求 Specification for packaging drawing		

表中第四栏为采标情况,采标情况是指为制定标准而采用相应国际标准情况,是我国产品采用国际标准的一种专用证明标志,根据《中华人民共和国标准化法》"国家鼓励积极采用国际标准"的规定,专门出台的相应管理办法。采用国际标准是企业对产品质量达到国际标准的自我声明形式。

采标情况有以下几种。

● 采用国际标准:包括采用国外先进标准,是指把国际标准和国外先进标准的内容,通过分析研究,不同程度地纳入我国的各级标准中。

● 等同采用国际标准:是采用国际标准的基本方法之一。它是指我国标准在技术内容上与国际标准完全相同,编写上不作或稍作编辑性修改,可用图示符号"≡"表示,其缩写字母代号为 idc 或 IDC。

● 等效采用国际标准:是采用国际标准的基本方法之一。它是指我国标准在技术内容上基本与国际标准相同,仅有小的差异,在编写上则不完全相同于国际标准的方法,可以用图示符号"="表示,其缩写字母代号为 eqv 或 EQV。

● 非等效采用国际标准：是采用国际标准的基本方法之一，它是指我国标准在技术内容的规定上，与国际标准有重大差异。可以用图示符号"≠"表示，其缩写字母代号为 neq。

表中第五栏给出被替代的旧标准编号。

② 第二部分《被废止的国家标准目录》，收录了 2002 年年底止废止目录信息，按被废止标准号排序，给出标准名称信息。

③ 第三部分《国家标准修改、更正、勘误通知信息》，收录了 2003 年 4 月发布的国家标准修改信息。按分类号一级类目和标准号，由小到大排序。

④ 第四部分，目录的索引。索引按标准号顺序排序，给出该标准信息在本书的页码，是目录提供的以标准号途径快速查找所需标准信息的工具。

从目录的结构和提供的索引可以看出，使用目录正文标准信息时，可以从分类和标准号两条途径进行检索。电子版标准数据库是在纸质标准基础上形成的，同时标准的格式和术语也均有相关标准和规定，所以本书中使用的格式、术语、名词解释在电子标准数据库中同样适用。

本目录已有电子版同时发行。

5.2.4 纸质标准文献

《中国国家标准汇编》由中国标准出版社编辑出版，是一部大型综合性国家标准文集，收入我国正式发布的全部国家标准。该汇编按分册出版，按标准编号排序，给出标准全文，其格式完全按国家标准要求。2014 年已经出版至 571 分册。此书修订标准每年另出分册。该汇编是查找我国国家标准全文最全、最常用的文献信息源之一，本汇编已有电子版本发行。如图 5-1 所示。

图 5-1 中国国家标准汇编

此外标准也有以单行本、专题汇编本发行，如《紧固件标准汇编》，收集所有紧固件相关标准，很方便使用。

5.2.5 电子、网络标准信息检索

目前传统的印刷版标准文献已逐步被电子及网络标准文献替代。一些国外标准化组织已不再出版印刷型标准,如法国、澳大利亚等国家,其标准全文光盘每月更新一次。ISO、IEC 的一些技术标准信息也只采用光盘形式出版。美国材料与试验协会出版的全文光盘,包括所有全文标准,每季度更新一次,并出版各单卷标准全文光盘。美国 IHS 公司的标准全文数据库包括世界上 80 多个主要标准化组织的标准全文,每两个月更新一次。除以光盘形式出版外,ISO、IEC、ANSI、ASTM 等一些标准化组织还开通了网上标准销售,用户付款后,即可从网上直接下载所需的标准。

我国标准目前有印刷版,但电子、网络标准信息源以信息量大、方便、快捷等优势,迅速成为检索标准文献的主要工具,特别是大量的标准网站,提供全面、丰富的标准信息及相关知识,内容包括标准知识、标准工作最新信息、新标准发布公告、废止修改标准目录、相关法律法规、标准检索及标准服务等,已成为查找标准的常用信息源。

标准专业网站比较多,按提供的内容分,有综合性的标准网站,如标准网。有专业、行业网站,如建筑标准网站、化工标准网站等。此外一些其他专业网站也提供标准方面的内容,如各省的质量网站等。各标准网站的风格及服务方式大致相同,提供内容包括标准知识、标准动态、标准法规、标准书目及文献、标准分类、标准文献检索等。不仅有中国国家标准、地方标准,还提供国际标准、国外标准等。网站提供的标准检索途径很多,如分类、主题、标准名称、标准号等,且使用方便,查找全面、准确、迅速,但大多只提供标准题录,全文需向网站索取,并付以一定的费用,网站以电子邮件等方式提供给用户,相当多的网站还提供纸质标准文献和相关工具书的网上邮购服务。

中国知网、万方数据都推出了国家标准、行业标准全文数据库,国家标准化管理委员会网站也提供了强制性国家标准全文免费阅读服务。

国家规定,国家强制性标准可以网上免费阅读,因此各标准网站上可以查看全文,除此之外的其他标准无此规定,则只能查到题录信息,阅读全文须收取一定费用。但实际上一些网站也开放部分其他标准全文免费阅读,这些网站成为人们收集的对象。

以下为一些常用标准网站的地址及介绍。

(1) 海南质量网 http://www.orac.hainan.gov.cn

为海南省质量技术监督标准与信息所主办。主页标准公告栏下有"国际、国内标准化网址大全",提供常用标准化站点、国内标准化站点、国际标准化组织(团体)、区域标准化组织、国外标准化组织、国外标准化站点、其他标准化站点的名称及链接,是查找标准网站的工具。

(2) 中国标准咨询网 http://www.chinastandard.com.cn/

由中国技术监督情报协会、北京中工技术开发公司、北京世纪超阶级星信息技术发展有

限公司合作组建。该网站提供各种标准的检索、技术监督信息报道、质量认证信息等，还可提供在线阅读一万多条中国国家标准全文，电子版国内外标准全文数据库。

（3）中国标准网 http://www.zgbzw.com/index1.html

由机械科学院标准化行业处开办，介绍国内外最新标准化动态，提供标准信息和标准化咨询服务，并有达标产品和获证企业信息。开设有标准新书目、标准知识、每日新闻等栏目。提供在线查询、标准作废通知。作废标准通知可按年月查询作废标准情况，如新标准编号、作废标准编号、作废时间等。

（4）标准信息服务网 http://www.standard.org.cn

标准信息服务网拥有超过110个国内外标准组织发布的超过35万件国内外标准的题录和文本。在线查询系统支持中英文双语查询功能，一次输入检索条件，可选择检索110多个国内外标准组织发布标准情况，很方便使用。用户免费注册，可以查询有关标准的详细信息，并享受在线订购服务。

（5）机械工业标准服务网 http://www.jb.ac.cn/

提供《中华人民共和国机械行业标准全文光盘》，包括机械工业类包括1991—1995年批准发布的1 208项、1996—2001年批准发布的3 662项机械行业标准，光盘全部采用Word文档方式。查询方式采用中标分类查询、标准编号查询和标准名称查询等多种检索方式。

（6）国家标准化管理委员会 http://www.sac.gov.cn

由中国国家标准化管理委员会和ISO/IEC中国国家委员会秘书处主办。设有中国标准化管理、中国标准化机构、国内外标准化法律、法规、国内外标准介绍、标准目录、制修定标准公告、国标修改通知、采用国际标准、标准化工作动态、标准出版信息、标准化论坛、工作建议，以及废止国家标准目录、强制性国家标准全文免费阅读等30多个大栏目。

（7）标准网 http://www.standardcn.com/

由机械科学院标准化行业处开办。介绍国内外最新标准化动态，提供标准信息和标准化咨询服务。已开设标准目录、标准书市、标准咨询、工作动态、获证企业、达标产品等栏目，并提供多个标准网站及出版社的友情键接。

（8）福建质量信息网 http://www.fjqi.gov.cn

该网提供中国标准文献数据库查询、国外标准查询、新标准发布公告、废止标准目录等。

（9）国家建筑标准设计网 http://www.bjcks.com/

由中国建筑标准设计研究院主办，网站内容包括建设部颁布的全套国家建筑标准设计图集的详细资料、图集信息、编制背景、行业动态等信息资料，业界动态、标准图集、技术资料、专题文章、ISO国际标准、应用论坛等，同时还提供了网上订购国家建筑标准图集及相关的软件产品的电子商务系统。

（10）万方中外标准数据库 http://scitechinfo.wanfangdata.com.cn

由万方数据资源系统网站主办，提供中国及国外各国标准信息。在主页搜索栏上方可按文献类型选择标准查询。

（11）中国知网标准数据库 http://www.cnki.net

由清华同方、清华大学共同主办的国家知识基础设施 CNKI，包括多个大型数据库，其中中外标准数据库，可提供标准检索和标准全文。有更新标准信息快、收录全、检索便捷、结果准确等特点。

此外，许多省也开办标准服务网站，主要面向本地区标准服务开展工作，也提供大量的标准信息、标准新闻及知识。

5.2.6 标准检索举例

本节通过 3 个标准检索实例来介绍不同标准数据库检索系统的检索过程及各项功能。

【例 5-1】利用标准网站查找有关"道路照明灯具"方面的中国国家标准。

此题目要求了解"道路照明灯具"中国标准制定情况及标准状态。

（1）国家标准化管理委员会简介 http://www.sac.gov.cn

这是国务院授权履行行政管理职能，统一管理全国标准化工作的主管机构。在该委员会网站上，除有国家标准化政策、规定、工作进展、最新动态、标准化知识，标准的批准、废除、修订等，还免费提供标准检索和国家强制性标准全文，是国内标准权威网站。

用题目中给出的已知条件，登录"国家标准化管理委员会"网站，如图 5-2 所示。

图 5-2　国家标准化委员会网站首页

（2）在首页上，选择"强制性国家标准查询"。

选择进入强制性国家标准查询系统，如图 5-3 所示。国家标准化委员的标准信息时效快，可提供即将实施的标准全文供免费阅读。

图 5-3 强制性标准查询系统

（3）标准的检索

国家标准化委员会的强制性标准电子全文提供的检索比较简单，但很实用。它仅提供了标准号、标准名称和发布时间等几种途径，标准名称检索为模糊检索，检索界面如图 5-4 所示。

图 5-4 标准名称高级检索界面

（4）检索

网站提供多条检索入口。"中文标准名称"检索项是模糊检索，输入需要检索的标准的主题词即可，不必与标准名称完全一致，其他检索途径同样。参考图 5-4，以"照明灯具"为检索条件，选择中文标准名称途径进行检索，检出符合条件标准 4 条，如图 5-5 所示。选择第四条，查看详细信息，如图 5-6 所示。详细信息包括标准的分类号、标准状态是否为现行使用标准等信息。

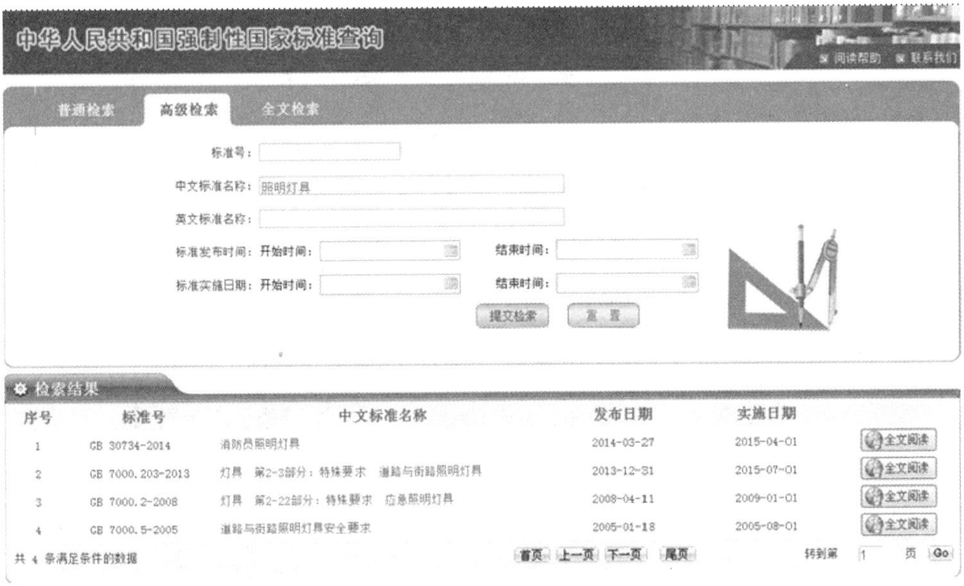

图 5-5 标准的检索结果

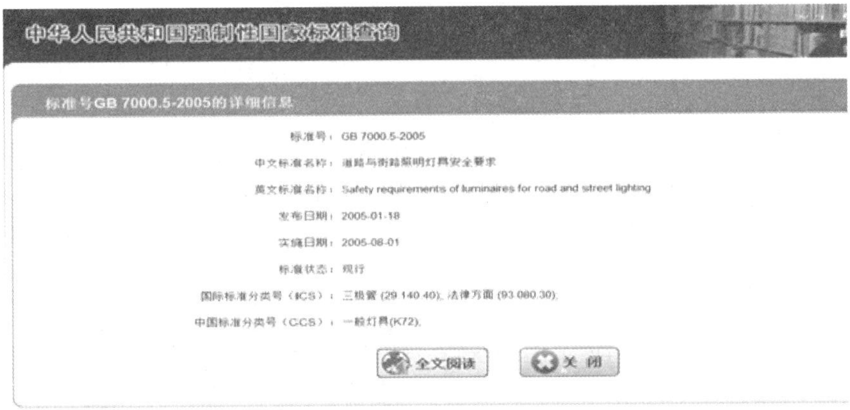

图 5-6 标准的详细信息

在图 5-5 和图 5-6 上，均可打开或下载标准全文。由于网站对下载标准进行了加密，文档应尽快使用，如过期可重新下载。

(5) 阅读全文

单击"全文阅读",可得到与印刷版完全相同的标准全文,如图5-7所示。阅读软件提供强大的阅读功能,可下载、打印、全文检索、区域选择、剪裁等。

图5-7 标准全文

(6) 废止、修订国家标准目录查询

废止标准,是由于技术发展和环境变化,一些原制度标准不能适应需要,所以必须定期进行清理、修订或者停止使用(废止),按新标准执行,所以必须经常关注标准的修订、更新、废止情况。使用国家标准化管理委员会网站首页上"信息查询"下的"国家标准目录查询"即可查询标准目录情况,如图5-8所示。

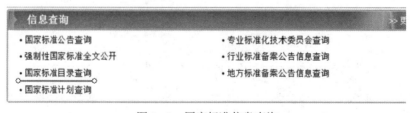

图5-8 国家标准信息查询

此模块可检索国家标准的属性、状态等信息，属性如属于强制性标准、推荐性标准和指导性标准，状态如现行标准、废止标准等。如图 5－9 所示。

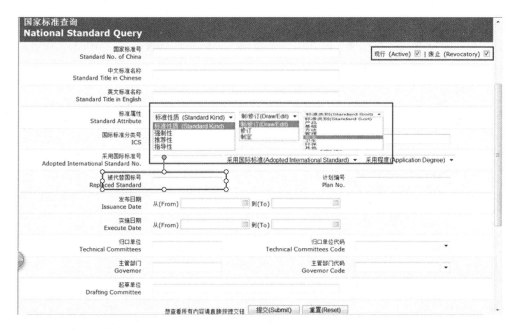

图 5－9　国家标准信息查询

如查找题目“道路与街路照明灯具的安全要求”国家标准废止情况，结果见图 5－10。可查找全部废止标准，也可以浏览全部标准废止情况，选定性质为全部标准，状态为废止，可选择类别，系统会列出此类所有废止标准目录。

共1条记录 Search Result　　首页 上一页 1 下一页 尾页　　每页显示 Number of Every Page Shows 20 个记录

序号	标准号 Standard No.	中文标准名称 Standard Title in Chinese	英文标准名称 Standard Title in English	状态 State	备注 Remark
1	GB 7000.5-1996	道路与街路照明灯具的安全要求	Safety requirements of luminaires for road and street lighting	废止	2005-08-01废止,被GB 7000.5-2005代替

图 5－10　“道路与街路照明灯具”国家标准废止情况查询结果

国家标准化管理委员会网站是国家官方权威标准网站，可免费检索国家标准并阅读国家强制性标准全文。国家标准化管理委员会网站还提供其他标准的检索，但不提供全文，如需要全文，需使用其他网站。

【例 5－2】利用商业数据库中国知网查找关于“道路照明灯具”的国内外标准制定情况及标准具体内容。

商业数据库提供标准检索及全文服务的主要有中国知网和万方数据两大数据库。

中国知网，简称 Cnki——中国知识基础工程，是由清华同方和清华大学共同主办的大型综合数据库网站。该网站的数据库类型齐全，包括期刊、学位论文、国内外专利、工具书、标准、年鉴等。有数据量大、更新快、质量高、检索准确、可跨库一次性检索等特点。其标准数据库有国家标准、行业标准、国外标准等数据库，标准数据收全率达 100%，行业标准收全率也达 99.9%。Cnki 的标准全文需要付费。

（1）分析题目

此题目给出的是了解某一特定事物的全部标准制定情况，应该包括国家标准、行业标准、地方标准等，Cnki 的标准数据库可提供中国国家标准及行业标准全文及国外标准数据。

（2）选择相关标准网站：中国知网 http://www.cnki.net

Cnki 使用前可下载专用浏览器，在 Cnki 首页上有提示，按提示步骤下载后安装即可。

Cnki 资源主页如图 5-11 所示，在资源选项上选择标准即可。

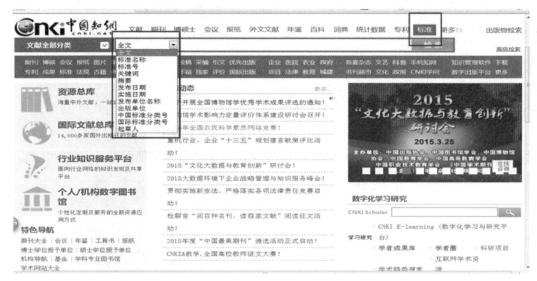

图 5-11　Cnki 主页上选择标准检索

（3）cnki 标准资源介绍

Cnki 资源标准数据中的中国标准全文数据库，提供中国国家标准全文 2 万多条，7 家行业标准版权的行业标准全文数千条，国外标准目录 30 多万条。提供标准全文、标准号、标准名称等 12 种检索途径，如图 5-11 所示。Cnki 的标准数据库是标准资源最丰富的数据库之一，有更新及时、收录全、覆盖面广、检索功能强等特点，开放式检索无须付费，仅在下载全文时收费。

（4）检索界面

Cnki 提供了多条检索入口，可选择 6 种状态，限定时间范围，多选项组合检索等，完成精确检索。在已获得检索结果后，还可用二次检索缩小检索范围。为方便检索，还提供标准分类、学科导航检索，并可实现国家标准和行业标准、国外标准的跨库检索，对中国国家标准、行业标准、国外标准，可一次输入检索条件，同时检索出结果。如图 5-12 所示。

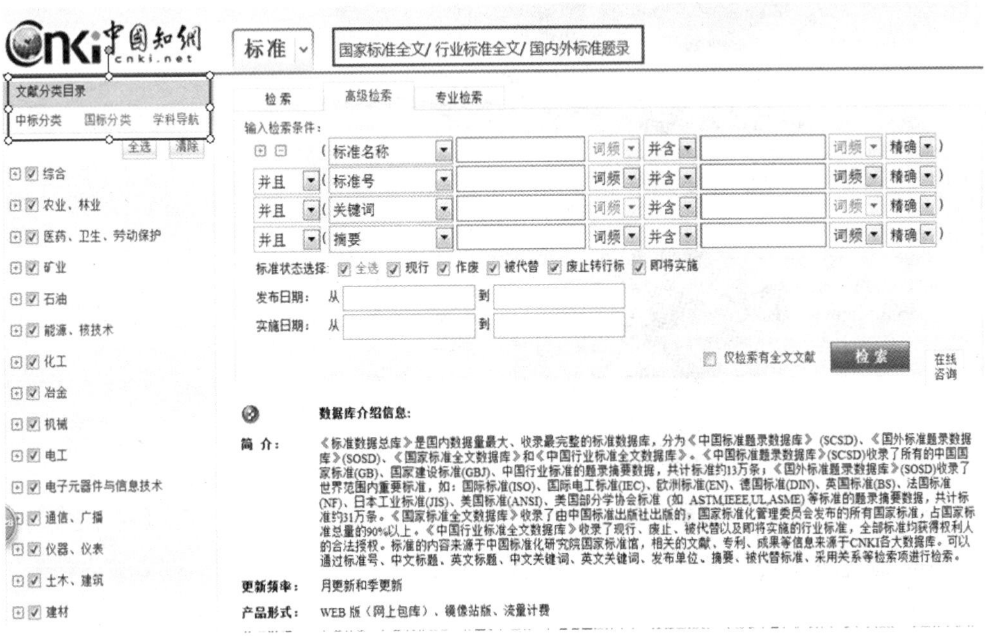

图 5-12　检索界面

（5）检索

输入检索条件"道路 照明灯具"，结果如图 5-13 所示。检出结果 407 条。检索词间以空格分开，系统默认形成"并且"关系。详细信息见图 5-14。如果查看全文，则需要付费。

从图 5-13 的检索结果可以看出，Cnki 的强大检索功能，一次输入检索条件，检索出的结果包括了国外标准、国内标准、行业标准等。系统给出此项检索结果在不同年度内的分布情况，便于按年代查找。系统还提供标准半部选择，如选择现行标准、被替代标准或即将实施标准。

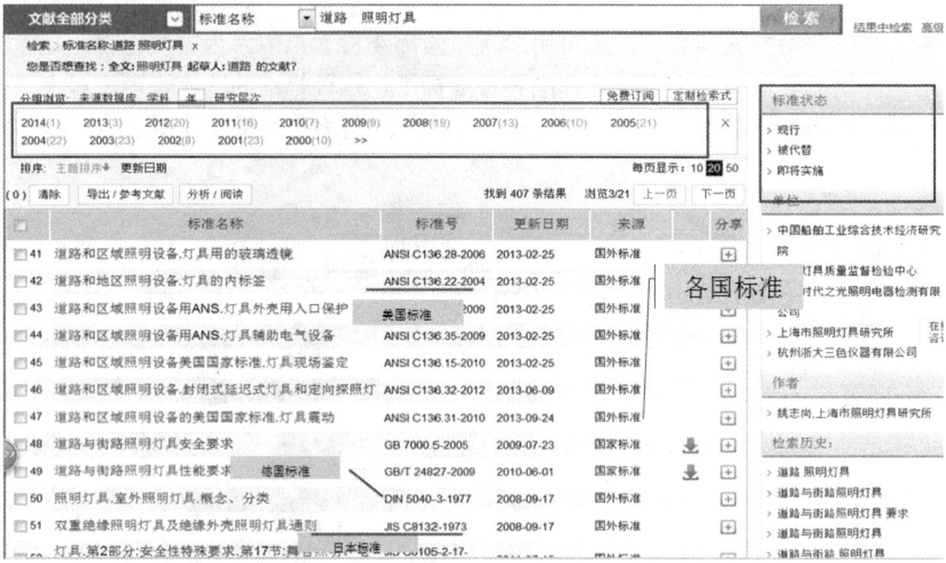

图 5-13 “道路 照明灯具”检索及结果

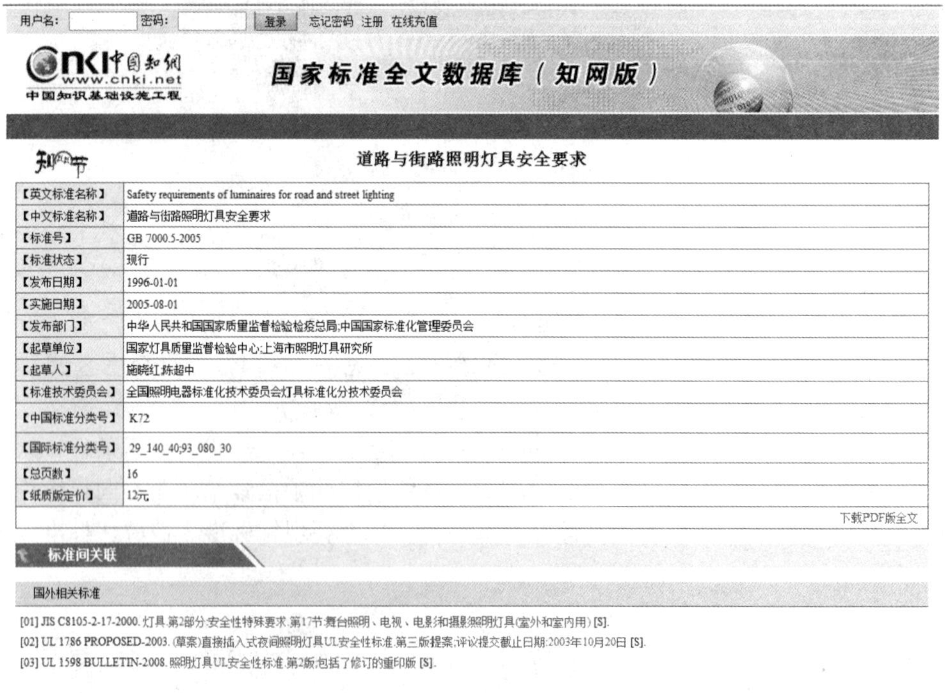
国家标准全文数据库（知网版）

道路与街路照明灯具安全要求

【英文标准名称】	Safety requirements of luminaires for road and street lighting
【中文标准名称】	道路与街路照明灯具安全要求
【标准号】	GB 7000.5-2005
【标准状态】	现行
【发布日期】	1996-01-01
【实施日期】	2005-08-01
【发布部门】	中华人民共和国国家质量监督检验检疫总局;中国国家标准化管理委员会
【起草单位】	国家灯具质量监督检验中心;上海市照明灯具研究所
【起草人】	施晓红;陈超中
【标准技术委员会】	全国照明电器标准化技术委员会灯具标准化分技术委员会
【中国标准分类号】	K72
【国际标准分类号】	29_140_40;93_080_30
【总页数】	16
【纸质版定价】	12元

下载PDF版全文

标准间关联

国外相关标准

[01] JIS C8105-2-17-2000. 灯具.第2部分:安全性特殊要求.第17节:舞台照明、电视、电影和摄影照明灯具(室外和室内用) [S].
[02] UL 1786 PROPOSED-2003. (草案)直接插入式夜间照明灯具UL安全性标准.第三版提案;评议提交截止日期:2003年10月20日 [S].
[03] UL 1598 BULLETIN-2008. 照明灯具UL安全性标准.第2版;包括了修订的重印版 [S].

图 5-14 检索结果详细信息

【例 5-3】 利用万方数据查找"道路 照明灯具"标准制定情况

万方数据是国内一个大型综合性的文献信息数据库,其中的标准数据库,有中外标准、国内行业标准的题录及全文。

(1) 进入万方数据主页

万方数据主页如图 5-15 所示。

图 5-15 万方数据主页

(2) 标准数据库检索途径

图 5-16 为万方标准数据库高级检索界面,系统提供了 9 种检索途径及多种文献类型供选择。

(3) 输入检索词

输入检索词"道路 照明灯具",检索结果如图 5-17 所示。结果显示可选择精简和详细两种模式,精简模式只显示标准名称、标准号等信息,详细模式增加了标准文摘、状态等信息,见图 5-18。在精简模式状态单击标准名称也可查看标准详细信息,如图 5-19 所示。

(4) 标准全文

同 Cnki 一样,万方数据的标准全文仍需要付费方可下载。

图 5-16　万方标准数据库高级检索

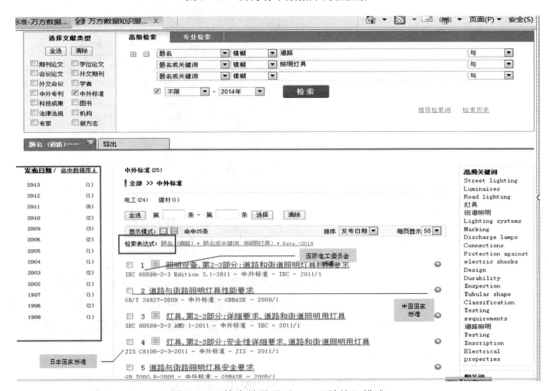

图 5-17　检索结果显示——"精简"模式

第 5 章 标准文献信息检索

图 5-18 检索结果显示——"详细"模式

图 5-19 详细信息

5.2.7 小结

通过以上示例可以看出，使用互联网上标准网站检索标准要方便快捷得多。标准网站提供标准工作的最新信息、标准更改及修订信息、标准知识、相关法律法规等，常浏览标准网站可以帮助我们了解本行业发展状况和水平，专业标准网站均配有功能强大的检索平台，提供多种检索途径，收录标准齐全、数据量大，成为了检索标准的首选。需要注意的是，标准网站很多，各网站提供的检索途径不完全相同，检索方式也不相同，有的较全，有的偏少一些，但最常用的标准号、标准名称两个途径是每个网站都提供的，使用时可根据题目给出的已知条件选择适当的网站。使用网站检索标准时要注意的是，各网站的数据更新频率不同，个别网站数据更新相当滞后，查找时要注意它的更新情况，同时各网站收集的标准的完整情况不一，对同一主题内容，不同的网站收集的标准数量有差别，所以不可以一个网站的查找结果判定最终结果。

标准检索中，若题目要求查找的是某项特定标准，无论已知条件是什么，检索的目的是得到标准号，用标准号来获取标准全文。已知条件是标准编号的，查找全文最为方便，直接用标准编号提取全文即可。若题目要求，需要查找的是某一方面内容的标准，或了解某一行业标准制定的总体情况，必须选用分类途径，才可全面了解。各网站标准检索提供的名称途径实质上采用的是关键词，大多支持模糊检索，使用时输入名称主要部分即可。

标准网站均可免费提供标准检索服务，但查阅标准全文需要支付一定费用。

标准检索的最终目标是获取全文，目前可获取标准全文的有：中国国家标准汇编、标准单行本、各类标准汇编、设计手册、各标准网站的全文传递服务。特别是国家标准化管理委员会网站、中国知网标准数据库、万方数据标准全文数据库等。此外，许多行业、部委、协会网站也提供标准服务，可以多加关注。如国家环境保护部网站就提供环境保护类全部标准目录，并免费提供国家强制标准、环境保护部标准全文。

第 6 章

专利文献信息检索

6.1 专利的基本概念

6.1.1 专利权、工业产权、知识产权

1. 专利权

专利一词经常出现在人们的日常生活中,通常有以下 3 种不同的含义。

第一,是指专利权。从法律角度来说,专利通常指的是专利权。专利权,是指专利权人在法律规定的期限内,对其发明创造享有的独占权。专利权需申请人按照法律规定的手续进行申请,并经专利审批部门审批后获得。

第二,是指取得专利权的发明创造。如"这是一项关于节水龙头方面的专利",这句话中的"专利"就是指被授予专利权的技术。

第三,是指专利文献。是指各个国家专利局出版发行的专利公报和专利说明书,以及有关部门出版的专利文献,记载着发明的详细内容和受法律保护的技术范围的法律文件。这里所说的"检索专利",是指查阅专利文献。

2. 工业产权

工业产权可以分为 3 类:创造性成果权(包括发明专利权、实用新型权、外观设计权)、识别性标记权(包括商标权、服务标记权、商号权、货源标记权和原产地名称权)、制止不正当竞争权。

3. 知识产权

工业产权和著作权统称为知识产权。它是指自然人或法人对自然人通过智力劳动所创造的智力成果,依法确认并享有的权利。

6.1.2 专利权的特点

专利权作为一种无形财产权,与有形财产权相比,具有专有性、地域性和时效性三大特点。

1. 专有性

发明创造的专利权是唯一、垄断、排他的。专利权实质上说是一种专有权,这种权利具有独占的排他性,表现为必须依法征得专利权人的同意或许可才能使用其专利技术。它的专有性受到法律保护。我国 2008 年颁布的《中华人民共和国专利法》提供了专利法律保护依据。

2. 地域性

各国专利法是独立的,因此专利权只是在批准国管辖的境内有效,对其他国家不发生法律效力。因此,一件发明若要在许多国家或地区得到法律保护,必须分别在这些国家或地区申请专利。

地域性的特点使专利的保护有了国际专利合作条约(PCT)、优先权、边境保护等制度。

3. 时效性

时效性是指专利权具有一定的期限。各国专利法对专利权的有效保护期限都有自己的规定,计算保护期限的起始时间也各不相同。我国《专利法》第四十二条规定:"发明专利权的期限为二十年,实用新型专利权和外观设计专利权的期限为十年,均自申请日起计算。专利权超过法定期限或因故提前失效,任何人可自由使用。"失效专利对各生产企业和技术人员都有实际意义,是人们挖掘和利用技术的重要资源宝库。

6.1.3 专利的类型及编号

1. 专利类型

我国的专利类型如下。

(1) 发明专利

发明专利是指对产品、方法或者其改进所提出的新的技术方案。发明是指利用自然规律对某一特定问题提出的技术解决方案。

(2) 实用新型专利

实用新型专利是指对产品的形状、构造或者其结合所提出的适于实用的新的技术方案。

实用新型专利保护的范围较窄,它只保护有一定形状或结构的新产品,不保护方法及没有固定形状的物质。实用新型的技术方案更注重实用性,其技术水平较发明而言要低一些,多数国家实用新型专利保护的都是比较简单、改进性的技术发明,可以称为"小发明"。

(3) 外观设计专利

外观设计专利是指对产品的形状、图案或者其结合以及色彩与形状、图案的结合所做出的富有美感并适于工业应用的新设计(如手机造型、计算机机箱造型等)。

外观设计专利实质上是保护美术思想的,而发明专利和实用新型专利保护的是技术思想;虽然外观设计和实用新型与产品的形状有关,但两者的目的却不相同,前者的目的在于使产品形状产生美感,而后者的目的在于使具有形态的产品能够解决某一技术问题。

2. 中国专利编号体系

中国专利文献包括申请号、说明书及专利号,其编号体系较其他文献稍为复杂,且经历了4个阶段变化,随着我国专利制度的逐步成熟完善,从总体上而言,编号制度变得更加科学、简洁、明确。

(1) 了解专利编号的意义

了解和掌握不同阶段的专利编号方式,对技术人员来说有很大的实际意义。从专利号可准确、迅速地查找到该项专利,方便从专利号途径查找专利并了解详情;判断专利申请进行阶段和是否授予专利权,如仅有申请、公开号,表明发明处于审定阶段,并不等于一定能被授予专利保护权。专利号还显示了专利类型和专利权获得时间等信息。

(2) 各阶段专利号编号情况

自1985年中国实行专利制度以来,中国专利申请号、说明书及专利号的编号体系经历了4个阶段,各阶段编号情况如表6-1~表6-4所示。

第一阶段 1985—1988年

表6-1 第一阶段专利编号情况

专利类型	申请号	公开号	公告号	审定号	专利号
发明专利	88101718	CN88101718A		CN88108718B	ZL88101718
实用新型	88203725		CN88203725U		ZL88203725
外观设计	88300707		CN88300707S		ZL88300707

第二阶段 1989—1992年

表6-2 第二阶段专利编号情况

专利类型	申请号	公开号	公告号	审定号	专利号
发明专利	89108107.0	CN10414243		CN1012778B	ZL89108107.0
实用新型	89216381.X		CN2061740U		ZL89216381.X
外观设计	89300359.X		CN3004865S		ZL89300635.1

第三阶段 1993—2004 年

表6-3 第三阶段专利编号情况

专利类型	申请号	公开号	授权公告号	专利号
发明专利	99806204.9	CN1301411A	CN1160827C	ZL99806204.9
指定中国发明专利的PCT国际申请	01807988.1	CN1422139A	CN1217629C	ZL01807988.1
实用新型	99214231.8		CN2380334Y	ZL99214231.8
指定中国实用新型专利的PCT国际申请	98900003.6		CN2565242Y	ZL98900003.6
外观设计	02344550.5		CN3294516D	ZL02344550.5

第四阶段 2004年至今

表6-4 第四阶段专利编号情况

专利类型	申请号	公开号	授权公告号	专利号
发明专利	200710147468.3	CN101139383A	CN101139383B	ZL200710147468.3
指定中国发明专利的PCT国际申请	200480020150.3	CN1823532A	CN1823532B	ZL200480020150.3
实用新型	200920218597.1		CN201529187U	ZL200920218597.1
指定中国实用新型专利的PCT国际申请	200990100216.8		CN201989420U	ZL200990100216.8
外观设计	200930290104.0		CN301493411S	ZL200930290104.0

表6-1~表6-4中出现的多个名词，解释如下。

申请号：为专利授予部门接受专利申请时给予的标识号码。

公开号：发明专利公开时给予出版的发明专利申请文献的一个标识号码。

公告号：3种类型专利均有公告号。发明专利公告号为授权时给予出版发明专利文献的标识号码；实用新型专利公告号为授权时给予出版实用新型专利文献标识号码；外观设计专利公告号为授权时给予出版的外观设计专利文献的标识号码。

审定号：为发明专利申请审定公告时给予公告的发明专利申请文献的一个标识号码，1993年后不再使用。

授权公告号：3种专利均有，是授权公告时给予的编号。

专利号：正式授予专利保护权的专利编号。

表中还出现多种类型的专利编号，解释如下。

ZL：为专利二字的汉语拼音，位于我国正式授权的专利号开头部分。

CN：国别代码，位于公开号、授权公告号的开头部分。

小数点：位于校验码前，分割专利流水号与校验码。
校验码：位于小数点后，是整个专利号最后部分。
其他字母：为各种标识代码，如：

A	发明专利申请公布说明书
A8	发明专利申请公布说明书（扉页再版）
A9	发明专利申请公布说明书（全文再版）
B	发明专利说明书
B8	发明专利说明书（扉页再版）
B9	发明专利说明书（全文再版）
C1-C7	发明专利权部分无效宣告的公告
U	实用新型专利说明书
U8	实用新型专利说明书（扉页再版）
U9	实用新型专利说明书（全文再版）
Y1-Y7	实用新型专利权部分无效宣告的公告
S	外观设计专利授权公告
S9	外观设计专利授权公告（全部再版）
S1-S7	外观设计专利权部分无效宣告的公告
S8	预留给外观设计专利授权公告单行本的扉页再版

例：以表 6-4 最后一列外观设计专利号 ZL200930290104.0 为例，代表含义为：
ZL——中国专利汉语拼音；
前 4 位数字 2009 代表专利授权时间 2009 年；
第 5 位数字，代表专利类型，1 为发明专利，2 为实用新型专利，3 为外观设计专利；
第 6 位至小数点前数字，为当年此类专利流水号；
小数点后数字为计算机校验位。

6.1.4 专利文献的含义及种类

专利文献是专利制度的产物，它融技术、法律和经济信息于一体，是一种重要的科技文献。从广义上讲，专利文献是指实行专利制度的国家及国际组织在审批专利过程中产生的官方文件及其出版物的总称；从狭义上讲，专利文献则主要是指专利说明书。我国从 1985 年 9 月开始出版以纸质为载体的 3 种专利公报、发明专利申请公开说明书、发明专利说明书及实用新型专利说明书，并相继出版了专利年度索引。1987 年开始出版发行以缩微胶片为载体的公报和说明书的专利文献。1992 年开始出版发行中国专利文献的 CD-ROM 光盘出版物，标志着我国专利文献的出版迈入电子化时代。出版社同时以纸质、缩微胶片、CD-ROM 光盘 3 种载体向国内外发行中国专利公报、中国专利说明书等多种专利文献。目前的专利文献信息以网络数据库提供为主，其检索平台功能强大，提供多条检索途径，非常方便使用。

专利说明书是专利文献的主体，属于一次文献，由各国专利局直接出版。其主要作用有两个：一是公开技术信息；二是限定专利权的范围。任何专利信息用户在检索专利文献时，最终要获取的也是这种全文出版的专利文件。

专利说明书一般可由扉页、正文和附图 3 部分组成。扉页上记录技术、法律和经济方面的信息，其著录项目采用两位数字组成的国际标准代码——INID 码，目的是便于识别和进行计算机检索。

6.1.5 专利文献的特点

1. 数量巨大，内容广博

专利文献数量巨大，全世界每年公布的专利说明书为 100 多万件，占世界每年 400 万件科技出版物的 1/4。世界知识产权组织的统计表明，世界上每年发明创造的 90%~95%能在专利文献中查到。专利文献内容涉及所有应用技术领域，从日常生活用品到复杂的高精尖技术，无所不包。从纽扣、扳手、雨伞、玩具到飞机、雷达、核反应堆、海洋波浪发电装置、宇宙服的压力平衡器、火箭点燃装置等。

2. 内容新颖，报道迅速

专利文献的新颖性主要体现在两个方面：一是由于经济与技术领域内的激烈竞争，以及专利法中所遵循的先申请原则，促使各国的发明者都急于申请专利，以防同行抢先申请专利；二是世界上大多数实行专利制度的国家专利法都规定，申请专利的发明创造，必须具有新颖性。因此，经专利局实质审查批准出版的专利说明书，内容在当时来说是最新的，反映了当时最新的科学技术发明。

3. 内容详尽、具体

各国专利法都有规定，专利说明书的撰写必须十分详尽。国际专利合作条约（PCT）对撰写专利说明书做了明确的规定。其要求是：专利说明书可公开的发明内容务必完整、清楚，以同技术领域的内行人能实施为标准。因此，专利文献较之其他科技文献，在技术内容的叙述上往往更为具体、详尽。

4. 格式规范、语言严谨

为便于国际交流，各国的专利说明书一般都采用国际统一的格式出版印刷，说明书中的著录项目都标以国际统一的识别代码，说明书的尺寸也基本相同，文字上力求简练、明确、严谨。

5. 大量重复报道

据统计，全世界每年大约出版 100 万件专利文献，只有三分之一是新发明，其他三分之二均为重复报道。其原因主要是专利的地域性的限制和各国家专利所具有的独立性。一项发明若想在多个国家获得专利权，必须分别向这些国家提出申请，造成一项发明多国公布。另外，实行早期公开延迟审查的国家，对同一发明创造从申请到批准往往多次公布，也造成了专利文献的大量重复。

6.1.6 专利检索的作用和意义

专利作为技术创新的重要标志和体现，在很大程度上代表着一个国家或企业的技术水平和潜在的技术竞争力。围绕专利进行的竞争将成为全球化背景下企业竞争的一个制高点。参与专利竞争必须充分利用好专利文献，在企业参与竞争和企业发展中有着重要的作用。

① 专利检索有助于研究者获取最新的专利技术信息，避免重复研发，调整研发方向。
② 专利检索能激发新的创意，有利于启发研究者的创新思路，缩短研究开发时间。
③ 在开发过程中，检索可借鉴的技术方案，进行规避设计。
④ 有利于掌握竞争对手的技术发展状况，及时采取相应对策，避免侵犯他人专利权。同时也能监测他人是否侵权。
⑤ 评估市场趋势。专利文献记载着目前最先进的科学技术。据世界知识产权组织统计，同一发明成果出现在专利文献中的时间要比出现在其他媒体上的时间平均早 1~2 年。通过对专利文献信息进行分析，可以预测新产品、新技术的推出，以及相关国家的市场分布和规模等。通过对相关领域的专利文献信息进行分析，可以了解相关领域的技术发展现状和发展趋势，为企业决策者把握特定技术的开发、投资方向、兼并收购等决策提供依据。
⑥ 监测专利之有效性、存续时间、审查等。专利信息不仅包含着大量的技术信息，还含有大量法律和经济的信息，仔细分析和科学利用这些信息，可以为企业制定专利战略、企业发展战略乃至市场战略等竞争战略提供依据。
⑦ 专利检索能为人们寻找顾问、专家、潜在员工、授权人或并购专家等人才，并可以了解到这些技术专家在技术上的侧重点。
⑧ 专利申请前，需要检索在此之先的技术。
⑨ 专利检索是专利审查工作的基础。
⑩ 专利检索是专利分析及专利监控的基础工作。
⑪ 专利检索是专利确权和无效专利工作的基础。

6.2 国际专利分类法（IPC）

专利文献数量庞大，利用分类方法可对其进行有效的组织和管理，专利文献使用国际专利分类法（IPC）进行分类。由于其分类体系和方法较复杂，目前网络数据库检索平台均提供分类导航，现仅进行简单介绍。

6.2.1 概况

国际专利分类表（International Patent Classification，IPC）由世界知识产权组织编制，每 5 年修订 1 次。它是世界上使用最广泛、国际上唯一通用的一种专利分类系统，是检索专利文献必不可少的工具。

目前已有 70 多个国家（地区）和国际上主要的专利文献出版社采用 IPC 对专利文献进行标注，中文第七版由中国国家知识产权局专利局编译，于 2001 年 1 月 1 日生效使用。

6.2.2 IPC 的体系结构

IPC 采用功能和应用相结合的分类原则，同时以面向功能为主，将技术内容以等级形式，按部、分部、大类、小类、主组和分组逐级分类，组成一个完整的 5 级分类系统。

1. 部与分部

IPC 共分为 8 个部，20 个分部。部的类号用大写的字母 AH 表示，分部只有部名无类号，部和分部是 IPC 的第一级类目。8 个部和 20 个分部的类目如表 6-5 所示。

表 6-5 部与分部的类目

部	分 部
A 人类生活需要	农业
	食品；烟草
	个人和家庭物品
	保健与娱乐
B 作业；运输	分离；混合
	成型
	印刷；文化用品
	交通运输
C 化学；冶金	化学
	冶金
D 纺织与造纸	纺织；其他类不包括的柔性材料
	造纸
E 固定建筑物	建筑物
	挖掘；采矿
F 机械工程；照明；加热	发动机与泵
	一般工程
	照明与加热
	武器；爆破
G 物理	仪器
	原子能
H 电技术	

2. 大类

大类是部和分部的细分类目,是 IPC 的二级类目。大类类号由部类号加上两位阿拉伯数字所组成。例如:

A63　　运动、游戏、娱乐活动
B60　　一般车辆、运输工具

3. 小类

小类是大类下的细分类目,为第三级。小类类号由大类号加上一个大写英文字母(除 A、E、I、O、U)组成。例如:

A63H　　玩具,如陀螺、玩偶、滚铁环、积木
B60Q　　车辆照明或信号装置

4. 主组

每个小类下细分为若干主组(又称大组),为 IPC 的第四级。主组类号由小类号后加上 1~3 位数的数字(必定是奇数),然后加一斜线 "/",再加上两个零 "00"组成。例如:

A63H3/00　　玩偶
B60Q5/00　　声响信号装置的布置或配置

IPC 的主组分类号所使用的数字一般不连续,以备新加类目使用。

5. 分组

分组又称小组,为第五级。它是主组下的细分类目。分组类号由小类号后加上 1~3 位数的数字(必定是奇数),然后加一斜线 "/",斜线之后再加上 2~4 位阿拉伯数字(/00 除外)所组成。例如:

A63H3/36.　　零件;附属物
A63H3/38..　　玩偶的眼睛
A63H3/40...　　会动的
A63H3/42...　　眼睛的制作(人用的假眼睛入 A61F2/14)

6.2.3 《国际专利分类表关键词索引》简介

《国际专利分类表关键词索引》是采用主题途径快速得到 IPC 分类号的工具。该索引第 5 版的中文版已由中国国家知识产权局专利局专利文献部编译出版。它是按关键词汉语拼音顺序排序,通过关键词可查找到部、类以至大组、小组类号。

6.2.4 《国际外观设计专利分类表》简介

《国际外观设计专利分类表》(International Industrial Design Classification)用于外观设计

专利的分类和检索。它由 32 个大类，214 个小类及包括 7 000 多种使用外观分类的工业产品目录表共同组成。

一个产品其外观设计分类号由"大类+小类+产品目录"共同构成。如"游泳服"的大类为 02，小类为 02，产品目录 B0128，则"游泳服"的外观设计分类号为：02-02-B0128。

6.3 专利文献信息检索

6.3.1 专利文献信息检索的概念

专利文献检索，就是根据一项或数项特征，从大量的数据库中挑选出符合某一特定要求的专利文献的过程。

专利文献检索是一项复杂的工作，是由多种因素构成的，如检索种类、检索目的、检索方式、检索系统、检索范围、检索入口、检索方法及检索经验。这些因素共同制约着专利检索的过程，直接影响着专利信息检索的效果。

6.3.2 专利文献信息检索

专利文献信息检索的种类如图 6-1 所示。总体分为基本检索与高级检索。基本检索是指根据所使用的检索工具的特点和功能划分的专利检索种类。高级检索则是指按检索人通过检索要达到的目的划分的专利检索种类。两者下面又细分若干。细述如下。

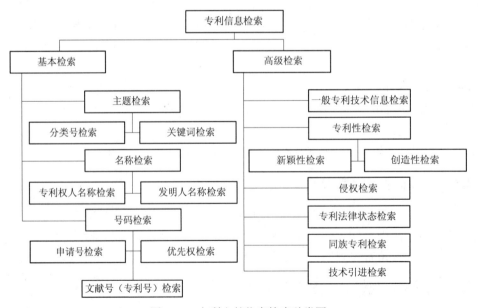

图 6-1 专利文献信息检索种类图

1. 基本检索

目前专利网站都提供检索平台，使用方法简单便捷，可以充分利用网站提供的平台进行专利检索。计算机检索常用的为字段检索、一般逻辑组配检索两种。

（1）字段检索

字段检索是指根据某一专利文献著录项目对专利数据库中的专利记录进行专利信息查找的工作。在字段检索中可被检索的专利文献著录项目主要有：专利号、申请号、优先申请号、专利文献种类、优先申请国家、申请日期、优先申请日期、专利公布日期、国际专利分类号、本国专利分类号、专利申请人、发明人、专利权人和专利代理人等。每一个可被检索的专利文献著录项目称为一个计算机检索入口。字段检索又可称为检索入口检索。

（2）一般逻辑组配检索

一般逻辑组配检索是指利用"或、与、非"等逻辑组配符将同一个字段内两个以上被检索词进行逻辑组配，组成检索提问式，由计算机在专利数据库中进行专利信息查询的工作。

邻词检索和共存检索均针对主题词或关键词检索而言。

2. 高级检索

普通浏览查阅一般不需要使用高级查阅功能，确有需要时也可请专利服务部门代查，以保证结果的准确性、可靠性。

（1）一般专利检索技术

从任意一个技术主题对专利文献进行检索，从而找出一批参考文献的过程。专利技术信息检索又可分为追溯检索和定题检索。

追溯检索是指人们利用检索工具，由近而远地查找专利技术信息工作。

定题检索是指在追溯检索的基础上，定期从专利数据库中检索出追溯检索日之后出现的新的专利文献的工作。

追溯检索可以帮助人们尽可能多地获取与科研课题相关的专利技术资料，有助于形成决策，减少重复劳动，提高研究起点；而定题检索可以帮助研究人员在科研开题后随时监视国内外与其科研课题相关的新科技动态。

（2）专利性检索

专利性检索是指检索者确定申请专利的发明创造是否具有新颖性、创造性，是否可以被授予专利权进行的检索。它又分为新颖性检索与创造性检索。

新颖性检索是指专利审查员、专利申请人或代理人为确定申请专利的发明创造是否具有新颖性，从发明创造的主题对包括专利文献在内的全世界范围内的各种公开出版物进行的检索，其目的是找出可进行新颖性对比的文献。

创造性检索是指专利审查员为对某项申请专利的发明创造获得专利权的可能性进行判断而进行的检索，它是在确定发明创造的新颖性基础上，再检出若干件用以确定发明的创造性的对比文献。

（3）侵权检索

侵权检索是防止侵权检索和被动侵权检索的总称。防止侵权检索和被动侵权检索在一般情况下是指两种完全不同目的的检索。

防止侵权检索是指为避免发生专利纠纷而主动对某一新技术新产品进行的专利检索，其目的是要找出可能受到其侵害的专利。

被动侵权检索则是指被别人指控侵权时进行的专利检索，其目的是要找出对受到侵害的专利提供无效诉讼的依据。

（4）专利法律状态检索

专利法律状态检索是指对专利的时间性和地域性进行的检索，它分为专利有效性检索和专利地域性检索。

专利有效性检索是指对一项专利或专利申请当前所处的状态进行的检索，其目的是了解该项专利是否有效。

专利地域性检索是指对一项发明创造都在哪些国家和地区申请了专利进行的检索，其目的是确定该项专利申请的国家范围。

（5）同族专利检索

同族专利通俗地说，是一项专利在不同国家或地区，以及地区间专利组织多次申请、多次公布或批准的内容相同或基本相同的一组专利文献，这是由于专利保护的地域性特点而产生的，人们为了在更多的国家和地区得到保护，必须那些各国家和地区分别申请专利以取得保护权，在这一过程中，各国家和地区的专利管理部门都将对这一专利履行同样的审查、公告、授权等过程，因产生一系列专利文献，这些文献被称为同族专利文献。

同族专利检索是指对一项专利或专利申请在其他国家申请专利并被公布等有关情况进行的检索，该检索的目的是找出该专利或专利申请在其他国家公布的文献（专利）号。

（6）技术引进检索

技术引进检索是一种综合性检索，它是指把专家检索中的专利技术信息检索和专利法律状态检索结合到一起交叉进行的专利信息检索，其目的是为对引进的技术做综合性评价提供依据。

6.3.3 专利文献信息检索入口

专利文献检索入口是检索专利文献的依据。作为纸载体和缩微载体检索系统，检索入口主要有国际专利分类号、各国专利分类号、申请人、发明人、设计人、专利文献号、申请号。随着电子检索系统的产生，一些非专利文献著录项目的信息也被列入专利文献检索入口之中，如主题词、化学分子式、范畴分类号、出让人、文摘号等。

1. 专利分类号

专利分类号是从技术主题角度检索专利文献的主要检索入口。人们可以从某一专利分类号入手检索出同属于该分类号所代表的技术领域的一组专利文献，可以提高文献的查全率。各专利网站大都提供分类号检索途径。

2. 名称

名称检索入口主要涉及专利申请人、专利受让人、专利权人、专利出让人、发明人、设计人等。人们可以以此入手检索出属于该专利申请人或者专利受让人、专利权人、专利出让人、发明人、设计人的一件或者一批专利文献。

3. 专利文献号

专利文献号是具有唯一性的用于索取专利文献的依据，是从号码角度检索专利文献的检索入口。包括公开号、公告号、专利号。人们可以以此入手检索同族专利或者查询该专利的法律状态。人们可以根据某一专利的专利号码进一步查找该专利的文摘或者全文，还可以检索到它的同族专利或者相同专利，并进一步得到分类号和优先权信息，从而扩大检索范围。

4. 专利申请号

从某一专利申请号入手检索该专利的公开号或者申请公告号、审定公告号、授权公告号、专利号等，同样可以从某一专利申请号入手检索同族专利或者查询该专利的法律状态。

5. 主题词

主题词检索入口是通过主题词的方法查找相关技术主题的专利文献。主题词也称为关键词，通常为计算机检索入口。

6. 优先权项

优先权项是指同族专利中基本专利的申请号、申请国别、申请日期。由于同族专利或相同专利都有相同的优先权项，故通过优先权项可以方便、快捷地检索出同一发明的全部同族专利。通过某一项发明创造的同族专利数量及申请国别，可以对该项技术的潜在经济价值进行评价，为技术引进提供依据，为产品出口避开对方的专利保护区提供情报。在实际中，可以直接从某一确定的检索入口进行检索，也可以将多个检索入口结合起来进行检索。为了扩大检索范围，可以从检出的专利中寻找更多的检索入口，继续进行检索。

6.3.4 专利检索技巧

目前专利检索都利用专利网站数据库提供的检索平台，其检索方式和使用方式也与其他数据库趋于一致，按提示和帮助操作即可，非常方便。一般人员的检索多属了解性质，如需进行严格的查找，应请专利服务部门代为查找。专利检索的步骤如图 6-2 所示。

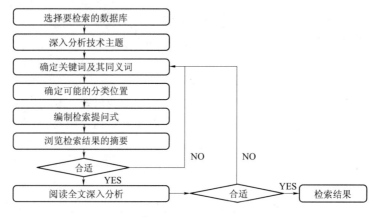

图6-2 专利检索步骤

一般技术人员查找专利时,通常感觉难于掌握检索技巧,检索效果不理想等。以下介绍部分检索中需要注意的事项。

1. 关键词选择

关键词选择要注意产品发明和方法发明的区分。产品发明,如:物品(如机械、器具、装置、设备、仪器、部件、元件等),材料(如合金、玻璃、水泥、油墨、涂料、组合物等)。方法发明,如:产品的制造方法(如产品的机械制造方法、化学制造法和生物制造法等),其他方法(如通信方法、测试方法、计量方法、修理方法、使用方法等)。在选择关键词时,对于产品发明,要选择该产品的名称作为关键词;对于方法发明,关键词只选择该产品的名称是不够的,但"方法"、"制造"等词是很泛指的词,它们不能给检索增添实际内容,因此只能用其分类与产品名称进行组配,而不应该用其作为关键词。国际专利分类为产品发明和方法发明分别设立了相应的分类位置。

2. 专利分类号确定方法

专利分类号的确定有一定的难度,一般人员选择分类途径检索较少,但在需要了解某项产品或者工艺等整体专利授予情况时,为了检索更全面,需要使用分类号途径。分类号确定可借助于专利数据库的检索平台,如国家知识产权局提供的专利检索平台上,如图6-3所示,单击图示红框处的问号,即可出现如图6-4所示的国家知识产权局的分类号查询辅助系统。可层层点开,并附有详细说明。

图6-3 IPC分类号查询入口

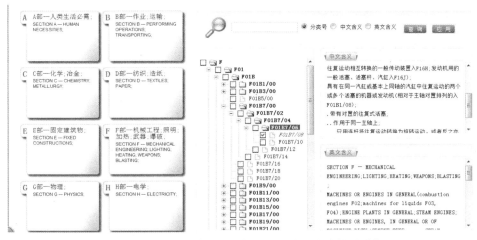

图 6-4 中国国家知识产权局的分类号查询辅助系统

在确定专利分类号时,要将与技术主题相关的所有可能的分类号都确定下来。例如:检索一个产品发明时,要确定与该产品有关的分类号与该产品的制造有关的分类号,与该产品功能有关的分类号,与该产品应用有关的分类号。

利用专利分类号,能保证检索的查全率和查准率。在检索时,为能检索得全面,且消除人为因素,将分类确定到小类即可。若检索出的文献数量太多,即分类范围太宽,可用一个或者几个主题词分类加以限制。这既可避免漏检现象,也可以使一般检索者不再感觉分类困难。

3. 专利文献的筛选方法

专利文献包含 3 方面的信息:技术信息、法律信息、外在信息。不同检索用户,对信息的需求也不同,对于进行新产品、新技术的开发和研究的检索者,最关心的是技术信息,因此在阅读专利文献时,要着重阅读"说明书"的各部分内容。关心专利保护范围的检索者,最感兴趣的是法律信息,因此在阅读专利文献时,应该着重阅读"权利要求书";准备进行扩大检索等工作的检索者,要了解的是专利文献的外在信息,在阅读专利文献时,重点阅读"扉页"即可。

4. 扩大检索范围的方法

通过阅读专利文献,从中获得有关信息,以此为线索进行再检索。专利文献的"扉页"中的著录项目(50)国际专利分类号、(52)本国专利分类号、(58)审查时检索范围、(71)申请人姓名、(72)发明人姓名、均可为扩大检索提供有用信息。另外,"扉页"中的著录项目(56)已发表过的有关技术水平的文献,以及专利文献的检索报告中,均可提供一些与检索主题有关的专利文献的文献号。利用这些文献的文献号,逐一阅读专利说明书,即可扩大检索。

6.4 常用国内专利检索系统

1. 中华人民共和国国家知识产权局（http://www.sipo.gov.cn/）

国家知识产权管理机构官网，其主页如图 6-5 所示，专利检索入口如图中方框所示。

图 6-5 国家知识产权局网站首页及专利检索入口

（1）收录范围

1985 年 9 月 10 日以来公布的中华人民共和国的全部中国专利信息，包括专利公报，以及发明专利、实用新型专利及外观设计专利 3 种专利的著录项目及摘要，并可浏览到各种说明书全文及外观设计图形，此外还可检索 2002 年之后公告的法律状态。

（2）专利检索与查询服务系统

专利检索与服务系统首页见图 6-6，共有 4 个模块，每部分功用均有详细说明，此页上有法律状态和分类检索快速入口，如图 6-6 中方框所示。人们通常使用的是专利检索，现以此部分使用为例进行介绍。单击后进入如图 6-7 所示的界面，选择"专利检索"。

（3）检索方式

进入专利检索后，页面正中部分为检索框，系统默认的是常规检索，如图 6-6 所示。检索框下方有检索条件选项供选择切换，如以"发明人"为检索条件或以"公开（公告）号"为检索条件，直接选择即可。检索框上方也有多项选项供选择切换，如选择"表格检索"，支持各种逻辑运算，可进行复杂条件的组配检索。系统配有详细的说明文字，将鼠标放置在项目标题上即可自动出现说明文字。

图 6-6 专利检索与服务系统首页

图 6-7 专利检索界面

(4) 表格检索示例

表格检索可进行多条件的组合检索。如在信息不准确的情况下，查找刘姓发明人在数控机床方面的发明，在表单中选择关键词"数控机床"，"发明人"选项，只输入"刘"，系统检索结果 917 条，如输入发明大概公开时间 2010 年，则系统查找结果精确到 82 条。如图 6-8 所示。在此进行了关键词、发明人和发明时间的组合检索。

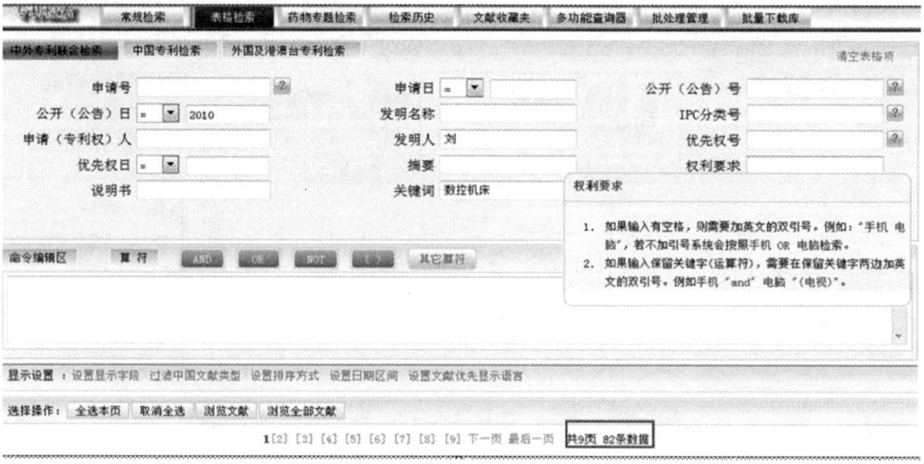

图 6-8　表格检索界面

浏览后单击需了解详细信息的条目，可得多项详细信息，如图 6-9 所示。系统在下方提供查询该项专利文献的详细信息，专利的法律状态、发明人详细信息等选项。图 6-10 为该项发明的专利文献详细信息，图 6-11 为该项发明的专利法律状态。

图 6-9　检索结果详细信息

发明名称 -- 加工轴承保持架用数控机床

申请号	CN201010217633
申请日	2010.07.06
公开（公告）号	CN101912983A
公开（公告）日	2010.12.15
IPC分类号	B23B41/02; B23Q5/40; B23Q1/25; B23B47/00
申请（专利权）人	沈阳机床股份有限公司;
发明人	常宝强;李晓雷;杜军;刘大敏;陈丽文;戴德明;杜海龙;李平;徐大伟;魏广元;刘萍;陶秀玉;刘猛;
优先权号	
优先权日	
申请人地址	辽宁省沈阳市沈阳经济技术开发区开发大路17甲1号;
申请人邮编	110141;

摘要

加工轴承保持架用数控机床，包括床身、控制系统、液压油路及冷却系统，各轴均配有电机，床身左侧B轴卧式回转工作台与床身固定，其特征在于B轴卧式回转工作台上部圆心有定位孔、C轴立式回转工作台底部有与定位轴相应的轴孔，定位轴置于B轴卧式回转工作台和C轴立式回转工作台的定位轴孔内，并且分别用螺栓和定位销将定位轴和C轴工作台固定在B轴工作台上，卡具安装在数控机床的C轴立式转台上，Z向床身右侧安置床鞍，床鞍上有滑板沿床鞍内X轴向丝杠移动，滑板上Z向固定刀具主轴箱，在滑板和床

摘要附图

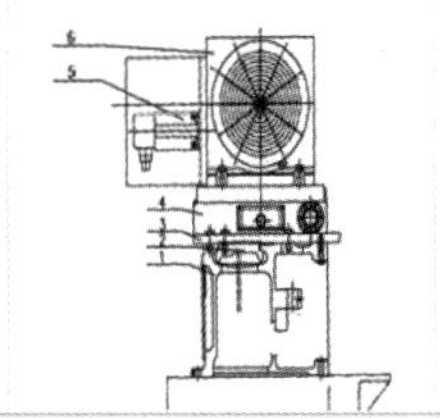

图 6－10　专利文献详细信息

专利检索　查看法律状态　查看申请（专利权）人基本信息

法律状态信息列表　查看复审

申请号	法律状态生效日	法律状态中文含义
CN201010217633	20101215	公开
CN201010217633	20110202	实质审查的生效
CN201010217633	20120704	授权

共 1 页 3条数据

图 6－11　专利法律状态

2. 专利之星（www.patentstar.com.cn）

专利之星检索系统是由国家知识产权局、中国专利信息中心主办，使用简单方便，按提示操作即可。如图 6－12～图 6－14 所示。专利之星的分类导航很方便，按类目全面浏览类目下的全部专利，并可查看某项专利的详细信息、图片、摘要，以及专利说明书、权利要求、法律状态等，如图 6－15 和图 6－16 所示。

图 6-12 专利之星检索系统界面

图 6-13 专利之星表格检索

图 6-14 专利之星的分类导航

第6章 专利文献信息检索

一种保暖衬衫
申请号：201510049489.6　申请日：2015.02.01　公开号：104585887　公开日：2015.05.06　公告号：无
公告日：无　主分类：A41B 1/00(2006.01)　申请人：晋江市科创源专利服务有限公司
发明人：吴家情　吴宇尧
摘要：本发明公开了一种保暖衬衫，所述保暖衬衫是由发热腈纶、纳米复合材料混纺而成，其中所述发热腈纶的重量百分比为20%-40%，纳米复合材料的重量百分比为60%-80%。本发明通过吸热反应来产生热量，换而言之，其通过吸收人体发出的汗和温气发热，使衣服内的空间保持温暖舒适的状态，保暖持久性好，实现真正的保暖。

衬衫
申请号：201420760223.3　申请日：2014.12.07　公开号：无　公开日：无　公告号：204273252
公告日：2015.04.22　主分类：A41B 1/00(2006.01)　申请人：宁波市镇海秀洋广告装饰有限公司
发明人：王大海
摘要：本实用新型公开了一种衬衫，它包括袖口(1)、衣袖(2)、衣身(3)、衣领(4)、第一省道(6)，所述衣身(3)后片左右两侧设有第二省道(12)。该修身衬衫适合较瘦的人穿，能够修身健美。

一种新型保暖衬衣
申请号：201420701391.5　申请日：2014.11.21　公开号：无　公开日：无　公告号：204273251
公告日：2015.04.22　主分类：A41B 1/00(2006.01)　申请人：湖北梦丝家绿色保健制品有限公司
发明人：舒国林
摘要：本实用新型公开一种新型保暖衬衣，属于服装制造领域。该新型保暖衬衣包括一体剪裁而成的前肩部、后肩部，所述前肩部、后肩部设有第一外层、第一里层和填充物层，所述填充物层设置在所述第一外层和第一里层之间的夹内；所述衬衣还包括一体剪裁而成的前衣体、后衣体，所述前衣体、后衣体上侧分别与前肩部、后肩部的下侧缝合连接，所述前衣体、后衣体设有第二外层和第二里层。本实用新型剪裁方便，一次成型，缝合工序少，提高了生产效率，减少了材料的浪费，节约了生产成本。

可调式衬衫
申请号：201420589745.1　申请日：2014.10.13　公开号：无　公开日：无　公告号：204273250
公告日：2015.04.22　主分类：A41B 1/00(2006.01)　申请人：江苏红豆实业股份有限公司
发明人：周宏江　徐铃燕
摘要：本实用新型涉及一种可调式衬衫，包括衬衫本体，衬衫本体上设置有可调节式纽扣，可调节式纽扣包括纽扣底座和纽扣本体，纽扣底座为长方形，

图6-15　利用分类导航浏览专利信息

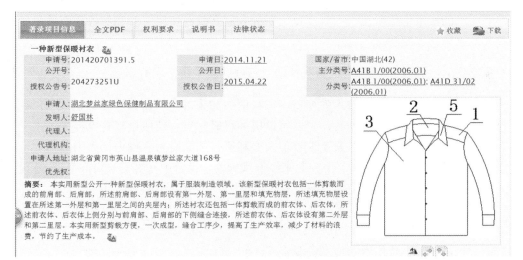

图6-16　专利详细资料

6.5 专利文献的利用

专利文献是科学技术的宝库,是集技术情报、法律情报、经济情报于一体的综合信息源,充分有效地利用专利文献能够极大地促进科技进步和社会生产力的发展。根据世界知识产权组织的统计:世界上发明创造成果的 90% 以上能在专利文献中找到;若能运用好专利文献,可以节约科研开发经费和研究开发时间。

1. 专利文献是重要的技术信息源

专利具有新颖性、创造性、实用性的特点,内容范围相当广,几乎覆盖了所有行业。专利文献除作为查新、申请专利外,最重要的和广泛的作用是它作为技术信息源的作用。因为无论是发明专利、实用新型专利还是外观设计专利,都具有技术上创新性、实用性的特点,专利说明书对专利内容描述得十分详尽,包括大量非常实用的技术、技巧和专利权人的巧妙构思,对从事技术工作的人员来说,有非常高的参考价值,是解决生产实际问题、开拓思路、扩大视野极有价值的参考文献。

2. 浏览专利文献,对一线技术人员的实际意义

通过浏览、研究专利文献,往往会形成一些不受专利限制的新想法,利用专利文献中的技术信息,在生产、产品开发等工作中少走弯路、避免重复劳动,避免人力、物力的浪费等,都是专利文献的实用价值所在。同时浏览、研究专利文献还可以了解和掌握现有技术发展水平和趋势,进行技术预测。

3. 充分利用专利文献中的技术情报,可以有效地避免重复研究

专利文献是展示世界现有技术的窗口,在科研中如果首先从调查专利文献入手,在前人已有技术的基础上再进行新的创新,无疑可以提高科研起点,使成果具有世界先进水平。新产品开发投资立项前的检索可以避免重复他人专利所带来的财力、物力、人力的损失,也避免了无意间"侵权"的发生。有不少企业未经专利检索,盲目上马开发"新产品",等投资完毕才发现重复了他人在中国申请的有效专利。

4. 重视失效专利的利用

失效专利是一个免费使用的技术资源宝库。

造成已申请或已授权专利失效的原因,主要有:申请专利最终未获批准、已获授权但又被宣告无效和未申请专利的发明创造技术等;或是专利权人未按时缴纳专利年费等原因,致使专利失效等;专利保护期满的,而技术上仍具有价值的失效专利;未向我国提出专利申请的国外发明创造,曾经过科学审查,技术可靠可行,实用价值高,但对我国来说,却是一种

失效专利，等等。所有这些失效专利从法律角度上讲，已经失去国家法律保护，成为"公知公用"的技术。发现失效而又适用的专利技术，及时跟进开发，或者利用其技术、技巧于自己的生产活动中，不仅可免费使用急需的适用技术，而且从失效的专利技术中可受到启发，开发出新的方法、新的产品、新的工艺。查询失效专利途径很多，如：

（1）中国知识产权局网 http://www.sipo.gov.cn/sipo；
（2）中国专利信息网 http://www.patent.com.cn/；
（3）《中国失效专利数据库》光盘（第三版）；
（4）万方数据资源系统。

一些专利服务部门、技术服务部门、情报所也提供此项服务。

第 7 章

科技档案信息检索

　　科技档案，在一个科技人员的职业生涯中，起到的作用往往不被人认识，我国高校非档案专业教学中，基本未对学生进行档案相关知识的教育，形成了一个知识点真空。但学生就业后进入实际工作会发现，他们都会与档案发生非常密切的关系，并会认识到，科技档案对任何技术人员都是最重要的、必须掌握的一类特殊文献信息。

　　档案，是人类活动的真实记载，是人类发展历史的真实记录，是人类的宝贵财富。我国档案工作基础较弱，特别在 20 世纪 70 年代曾一度停滞。近年经济技术的飞速发展，让人们意识到档案的重要作用，国家高度重视档案工作，颁布了《中华人民共和国档案法》等法规，以及会计、科技、电力、建筑等档案资料管理一系列规定，保证档案工作的正常开展，各项规定中均明确指出技术人员对技术档案资料建立的责任和义务，如建筑行业，国家于 2002 年颁布了《建设工程文件归档整理规范》（GB/T 50328），并于 2014 年修订为《建设工程文件归档整理规范》（GB/T 50328—2014），明确规定技术人员必须按要求收集并上报相应的资料归档。在人员配备上，各企事业单位要求必须配备的九大人员中，专职档案资料员为其中之一，已经成为取得建筑企事业单位从业资质的必备条件，其资质等级也与配备的人员数量有相应要求。在每一工程项目中也要求必须配备专职的资料档案人员。目前各高校也将建筑档案资料的收集整理作为一门专业必修课程开设，以保证学生具有足够的档案知识与能力。

　　本章节的介绍，旨在让学生掌握相关档案知识，明确科技人员在档案中应尽的责任和义务，建立应有的档案意识，具有相应的档案能力。

　　档案责任是指技术人员在档案中应尽的义务和应负的责任，包括在个人的职业活动中，应注意、收集、整理并主动上交准确真实的原始记录，这是保证档案资料完整、真实、准确的重要环节。

　　档案意识为技术人员应建立起对档案资料的敏感度，如具有敏锐的眼光发现资料的价值，主动收集进入档案，对于问题的解决，具有敏锐的思维，能查找相应的档案资料，知道何处能查找到所需要的档案资料，并能获取作为凭证以破解难题等。

　　档案能力为能按规定要求收集、整理、上报原始资料的能力，利用档案资料解决工作中问题的能力等。这些都是技术人员应具有的从业综合素质的重要组成部分。

7.1　科技档案的概念

科技档案，是指在生产建设中和科技部门的技术活动中形成的，有一定工程对象的技术文件的总称。中华人民共和国国家标准《科学技术档案案卷构成的一般要求》(GB/T 11822—2008)中，对科技档案的定义为"对国家机构、社会组织以及个人从事各项社会活动形成的，对国家、社会、本单位和个人具有保存价值的，应当归档保存的科技文件"。国务院批准的《科技档案工作条例》中对科技档案的定义为"科技档案是指在自然科学研究、生产技术、基本建设（以下简称科研、生产、基建）等活动中形成的应当归档保存的图纸、图表、文字材料、计算材料、照片、影片、录像、录音带等科技文件材料"。

科技档案记载着人们认识自然、改造自然的过程、经验和成果，是人类劳动和智慧的结晶。它作为一种重要的科技信息资源，对于科学技术的交流与借鉴、继承与发展，具有特殊的功能，是国家珍贵的科学技术资源。它的本质是记录在某一种载体上的科技信息，它与科技资料、科技图书、普通档案等既有相同的一面，也有不同的一面。在技术工作者的职业生涯中，科技档案是从事职业的最重要的参考资料。

7.2　科技档案的属性

科技档案具有以下特殊的属性。
① 内容特征上，只限于"科学技术活动中形成的"，与其他的文献和档案资料不同。
② 事物属性上，科技档案属于历史记录，而不同于科技资料。
③ 价值特性上，仅限于"具有保存价值"的，而不同于普通的科技文献资料。

7.3　科技档案的特点

（1）专业技术性
科技档案是在科技活动中形成的，记录和反映科技活动中的技术内容、技术方法和手段的特殊文献，有极强的技术性特点。

（2）成套性
科技档案通常均以围绕一个独立的项目进行，如一个工程项目的设计和施工，一个型号产品的研制和生产，一台设备的管理和使用等。伴随着项目形成若干相关的科技文献，记录该项目的科技活动全过程，形成一个反映该项活动的相互有序的有机整体材料。科技档案的数量较大，伴随着一项工程的完成，产生的档案可达几十、上百卷，而且还会随使用过程不断增加。

（3）现实性
科技档案的现实性体现在档案建立后相当长的时间内都有使用价值，如设计、施工的底图、蓝图是现场施工备用备查的工具,产品档案是产品再生产和革新改造的依据,设备档案是设备管理、使用、维护的依据等。科技档案建立后要不断地更改和补充,这一点和其他的文献有极大的不同。

（4）复用性

科技档案经常被反复地用于新技术活动,这是由于科学技术的继承性所决定的。如开发一个新产品,应以相关的老产品为基础,新工程以相关的老工程为参考等,特别是记录新技术、新方法、新材料、新工艺的科技档案,重复使用率很高。因此,技档案是科技人员进行新产品、新工艺开发时必查的文献资料,是科技人员获取技术信息的重要信息源之一。

（5）保密性

与普通文献不同,科技档案具有保密性的特点。《科学技术保密条例》《中华人民共和国保守国家秘密法》等规定,国家秘密的密级分为"绝密"、"机密"、"秘密"3级。档案的秘级也同样分为绝密、机密、秘密3级。

绝密级：是最重要的国家秘密,泄露会使国家的安全和利益遭受特别严重的损失。国际领先,并且对国防建设或者经济建设具有特别重大影响的；能够导致高新技术领域突破的；能够整体反映国家防御和治安实力的；涉及国家安全或我国特有、一旦泄露会使国家遭受严重危害和重大损失的保密项目,列为绝密级。

机密级：处于国际先进水平,并且具有军事用途或者对经济建设具有重要影响的；能够局部反映国家防御和治安实力的；我国独有、不受自然条件因素制约、能体现民族特色的精华,并且社会效益或者经济效益显著的传统工艺,一旦泄密会使国家遭受较大损失的保密项目,列为机密级。

秘密级：处于国际先进水平,并且与国外相比在主要技术方面具有优势,社会效益或者经济效益较大的；我国独有、受一定自然条件因素制约,并且社会效益或者经济效益很大的传统工艺。不属于绝密级及机密级,一旦泄露会使国家遭受损失的其他保密项目,列为秘密级。

此外还有内部级、国内级、公开级等。诸如制造工艺、地质资料、科研活动记录、建筑工程项目原始施工设计资料等都具有保密性和内部性的特点,不对外公开。

我国档案行业标准 DA/T 18—1999（代替 GB/T 3792.5—85）中对档案密级细分为 6 级,如表 7-1 所示。

表 7-1 文献保密等级代码

名称	数字代码	汉语拼音代码	汉字代码
公开级	0	GK	公开
国内级	1	GN	国内
内部级	2	NB	内部
秘密级	3	MM	秘密
机密级	4	JM	机密
绝密级	5	UM	绝密

在档案的利用中，鉴于科技档案文献的保密性特点，自觉地遵守国家的保密制度，注意内外有别，维护国家利益，是每一个技术人员应尽的义务和责任。

（6）种类类型多样，数量巨大

种类的多元性和类型的多样性是科技档案的一大特点，由于生产的多样性导致了科技档案的多元化，这是由它所记载的社会实践活动的内容和方式决定的，如建筑档案，就有建筑设备、建筑工程项目施工、建筑物业管理等，它们又可细分成多种不同类型的档案，如工程项目施工包括前期立项、施工、监理、竣工验收等。

科技档案所记载的科技、生产活动，专业多样，手段复杂。它所记载的各种工程设计和施工活动、气象观测活动、水文观测活动、地震监测活动等，内容不同，手段各异，就客观地要求必须以文件材料类型的多样性来适应科技内容和手段的多样性，使得科技档案材料不仅在种类方面，而且在类型方面呈现出多样性的特点。

档案文献从数量上来说应居各类文献之首，档案是人类活动的印迹，庞大的人类社会，其每一组成分子，每一次活动，都在时刻产生大量的档案资料文献，收藏在社会各个角落，只是由于人们对档案文献在观念、认识和定位上还多处在保存的角色，对其利用价值没得到重视，使用较少，没有充分认识而已。

7.4 科技档案的种类

1. 科技研究档案

科技研究档案主要指在基础研究、应用研究和开发研究中产生的各种记录。

科技研究档案一般以课题为单位，收集、组织、整理一套完整的档案资料，记录了课题的选题、实验、成果汇总、成果验收、推广应用等全部活动过程。

2. 生产技术档案

生产技术档案是人们生产活动中产生的档案，内容比较广泛。主要有以下几种。

（1）工业生产技术档案

工业生产技术档案是有序工业产品设计和生产制造过程中形成的记录，涉及人类活动的各个方面，品种繁杂、形式多样。一般以产品型号成套归档。

（2）农业生产技术档案

农业生产技术档案种类繁多，周期和地域性比较强，一般以专业或者专题成套归档。

3. 基本建设档案

这是数量宏大、种类繁多的一类档案文献，总体来说基本建设档案是在城市建设规划部门、市政管理部门、施工部门、使用部门等在建设过程中形成的反映各种建筑物、构筑物、地下隐蔽工程等的规划、设计、施工和维护使用等产生的档案资料。它由建筑前期档案、施工档案、监理档案、竣工档案、图纸等几部分组成。

4. 设备仪器档案

设备仪器有发电、冶金设备等与土建工程一起安装的大型设备，也有切削机械、仪器仪表等单机使用的设备。设备档案分为前期和后期，以投入使用为界划分，设备正式使用前的档案为前期档案，一般为设备生产厂家提供的装箱文件。正式使用开始后的维护、使用过程中产生的档案为后期档案。设备档案一般以设备型号成套，一机一档。

5. 专门性科技档案

专门性科技档案是指科技部门或人员在自然观测中形成的专门档案。包括：
① 地质档案；
② 测绘档案；
③ 水文档案；
④ 气象档案；
⑤ 天文档案；
⑥ 地震档案；
⑦ 环境保护档案；
⑧ 医疗卫生档案。

7.5 科技档案的作用

1. 依据作用

在生产建设、科学研究过程中，要保证这些活动正常有序、高效地进行，必须有完整、准确的科技档案作为依据。档案的依据作用主要有以下几方面。

（1）生产依据

产品生产的全过程中，都要经过设计、研制、定型、正式批量生产等，都必须要有科技档案作为技术依据，如产品的定型，必须有试制过程中的实验报告、试制总结、设计图纸等一系列科技档案作为依据。在生产、加工过程中，也必须要有产品的生产图纸等才能进行生产。

（2）基建施工依据

新建筑项目的设计、报建、施工，旧建筑的改建、扩建、保养、维修、装修或者拆除，建筑设备设施的使用、保养、维护，都要了解原修建时采用的相关技术、质量参数、建设生产中问题及处理等，并以此为依据制订施工方案，才能安全、合理、科学地进行，才不会造成浪费或产生质量事故隐患。

(3) 设备仪器维修的依据

设备仪器的操作、维护等，需要熟悉和掌握设备的原理、性能、维护技术、维护记录等，必须以设备仪器档案资料作为维护依据。

2. 条件作用

科技档案是一切科技创新、挖潜、改造的必要条件。在科技创新、挖潜、改造工作中，必须有大量可靠的技术材料作依据、借鉴和继承。科技档案可以为技术人员提供前人的设计成果、计算数据、经验和教训。借鉴科技档案可以不走或少走弯路，节省人力、物力、财力和时间。因此，科技档案是科技创新、挖潜、改造工作的必要条件。

3. 凭证作用

科技档案的凭证作用主要表现在科技决策、查究事故和调解纠纷等方面。

决策一项工程、一个课题、一个新产品开发等，都需要进行全面的科学论证，以事实为依据，来不得半点马虎。论证时，必须有可靠的科技档案作依据。

科技档案能真实地反映工程、课题或者产品等从设计、生产到使用的全过程，因此在科技生产活动中发生的一切质量事故、质量问题、经济纠纷中，查找问题原因时必须调用唯一真实记载原始事实的资料——档案，进行分析判断，才能得出正确结论，所以说最有力的、最能说明问题的材料就是科技档案，科技档案作为原始凭据，在解决这类问题中发挥了至关重要的作用。

7.6 科技档案的内容

科技档案收集的内容很广，从科技档案的收集内容上可以看出，科技档案是生产技术人员日常工作中不可缺少的重要的信息资源。

1. 设备档案

设备技术档案分为与土建工程连在一起的大型设备和单机设备两种，前者如大型的化工设备、冶炼设备、发电机组等，后者如金属切削设备、运输设备、仪器仪表等。设备以使用开始时间划分成前期档案和后期档案。设备的原始资料，特别是由生产厂家随同设备一并出厂的设备名称、规格、编号等原始原始资料是前期档案的重要组成部分，后期档案是在使用过程中的维护、运行、检验等记录。设备档案就是设备购入、使用、维护和管理过程中积累的各种原始记录。对设备使用和维护人员来说，不断积累和总结设备维修经验是加强设备管理的一项重要内容，可减少设备管理工作中的盲目性，使设备管理工作始终处于主动状态，使设备保持良好的运行状态。

引进重要设备的全套技术档案资料，应包括以下内容。

① 设备立项性技术档案。自制的设备，应有申请报告、批复、设计任务书，可行性调查报告、设计研制方案等。国外购入的设备，应有申请外购报告、批复、技术经济调查报告、外购合同、协议。国外引进的设备，应有申请引进设备报告、批复、可行性研究；技术人员出国考察、技术培训的总结和相关资料、技术经济调查报告，与外商谈判纪要、备忘录、合同、协议书和来往文件，包括原文和中文译文。

② 设备自身形成的技术档案。如外购的设备，应有开箱记录、总体布置图、安装和使用说明书、技术图纸等。如属自制的设备应有计算书、说明书、全套设备图纸、技术鉴定报告等。如果为引进设备，还应有随机全套图纸及文字材料（含专利书、专利技术说明书、技术条件、技术标准）、设计计算书、配方和典型工艺文件。包括原文和中文译文。

③ 设备安装调试形成的技术档案。如设备安装质量检验和试车记录，设备安装竣工图样、检测验收报告、鉴定证书。引进设备还应有技术、质量上的异议和处理结果等材料。

④ 设备的管理、使用、维修、改造形成的档案。如设备的保养记录、修理内容表、设备的大修记录等。引进设备还有先进技术的消化、吸收和国产化的实施计划及有关图纸等。

⑤ 引进设备如产生经济纠纷，会形成对外商索赔档案。如设备的损坏、短缺零部件、设备技术达不到设计要求等情况，都有权向外商索赔。索赔全过程产生的文件及相关材料都应归档，文件包括原文和中文译文。

⑥ 特别是特种设备，如锅炉、压力容器、压力管道、电梯、超重机械、索道、游乐设施等，应该有安全许可证书等文件。特别是设备的保养和维修必须由有资质的部门承担，而非任何部门都可以承担的，维修、保养和日常运行记录都是重要备查的档案材料。

从上面可以看出，设备档案包括了设备的所有信息，是操作、维护、管理设备的重要技术凭据和依据，是操作、维护、管理设备人员必读、必用、必查的重要资料。检索和利用科技档案是一线技术人员必须掌握的技能之一。

2. 工业生产技术档案

工业生产技术档案的内容构成，在不同的专业和不同类型的单位是不相同的，它的特点是以型号成套，一个型号的产品档案，是一个有机的整体。

如机械生产技术档案，一个产品从接受任务到进行设计，直到产品鉴定定型，批量生产和交付使用，要经过相应的设计、试制和生产过程，包括编制技术任务书、初步设计、技术设计、工作图设计、工艺设计、产品试制、试验、定型、生产准备、投入生产等。在这个过程中形成的文件材料，构成了机械产品生产技术档案的基本内容，它包括如下几条。

① 技术协议书、委托书及有关的合同文件。这是机械产品设计和生产制造的依据文件的一部分，具有法律效用，是机械产品生产技术档案不可缺少的内容。

② 技术任务书（设计、研制任务书）、可行性研究报告、方案论证文件及专业主管机关审批意见。这一组文件是机械产品设计的重要依据性文件，是机械产品设计档案的有机组成

部分。其主要内容包括：市场（国内、国外）调查，国内外同类型产品的比较，产品的适用性，设计、研制的理论根据；产品的性能、结构特征、技术规格、主要参数和技术经济指标；产品的设计原则、生产规模、用户要求等。

③ 产品设计计算文件。这是一组对产品的性能和主要结构等进行理论计算的文件，包括任务书和计算书，计算程序、记录和计算报告等。

④ 产品图样、目录文件和技术条件。包括产品总图、装配图、零件图，文件目录、图样目录和明细表，以及零件制造、产品装配和产品试验技术条件等。这些文件是进行产品制造和工艺设计的重要依据，是机械产品生产技术档案的核心部分。

⑤ 产品试制鉴定大纲。这是为产品进行定型鉴定而编制的科技文件，它规定了产品鉴定所需的文件、试验程序、试验要求和试验方法，是机械产品成套档案的重要内容。

⑥ 产品定型文件和其他有关文件。包括产品型式试验报告、定型报告、试制总结及产品说明书、合格证等。

上述文件是一般情况下机械产品档案的基本构成内容。在机械产品生产、制造过程中，还形成相应的生产工艺文件和其他有关文件，如产品工艺方案和工艺规程，工艺指导书和工艺说明书，工艺路线卡片，工艺装备图样和说明书，技术定额，产品质量检验文件等。这些文件也是机械产品生产技术档案的组成部分。

下面是一个机械生产车间的设备技术档案目录。

① 设备安装使用说明书、设备制造合格证及压力容器质量证明书，设备调试记录等。

② 设备履历卡片：设备编号、名称、主要规格、安装地点、投产日期、附属设备的名称与规格、操作运行条件、设备变动记录等。

③ 设备结构及易损件图纸。

④ 设备运行累计时间。

⑤ 历年设备缺陷及事故情况记录。

⑥ 设备检修、试验与技术鉴定记录。

⑦ 设备润滑记录。

⑧ 状态监测和故障诊断记录。

⑨ 设备技术参数变更记录。

⑩ 设备技术特性。

⑪ 管网图、地下管网图、电缆图和密封档案。

图 7-1 是车间生产设备之一空气压缩机的设备档案中的一项资料——空气压缩机产品说明书目录。在设备选择、购买、验收、安装、调试时都要以说明书提供的参数和要求进行验收、安装、调试，如安装，必须按图 7-2 所示的安装图要求进行。设备使用和定期维护、检修、保养也需要按说明书要求进行。在设备故障检查、修理时，更是最重要的依据资料。

目 录

一、概述 ·· 1
　（一）适用范围 ·· 1
　（二）主要技术性能参数 ·· 1
二、主要结构简介 ·· 4
　（一）主要组件结构 ··· 4
　（二）润滑系统 ··· 5
　（三）冷却系统 ··· 5
　（四）调节系统 ··· 6
三、空气压缩机的安装与拆卸 ··· 6
　（一）安装前的一般要求与拆卸 ··· 6
　（二）安装与拆卸 ·· 6
　（三）拆卸与装配的一般要求 ·· 7
四、使用与维护保养 ··· 7
　（一）起动前的准备 ·· 7
　（二）运转时注意事项及要求 ·· 8
　（三）一般的维护保养 ··· 8
五、一般的故障原因及排除方法 ··· 9
六、主要部位配合间隙及磨损极限 ··· 11
七、备件与易损件的目录与附图 ·· 11
八、空压机安装图 ·· 26
　（一）1V—3/8成套设备安装图 ·· 26
　（二）2V—6/8成套设备安装图 ·· 27
　（三）1V—3/8—1成套设备安装图 ·· 28
　（四）2V—6/8—1成套设备安装图 ·· 29
九、产品证明书 ··· 30

图7-1　空气压缩机产品说明书目录

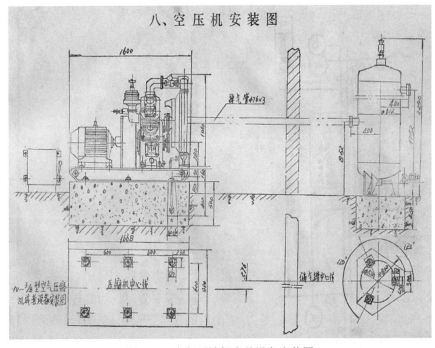

图7-2　空气压缩机产品设备安装图

3. 建筑工程档案

建设工程档案是在工程建设活动中直接形成的，具有归档保存价值的文字、图表、声像等各种形式的建设过程历史记录。它包括土建工程、给排水工程、暖通工程、电气安装工程、电梯安装工程等。按技术档案形成过程，分为施工前期、工程设计、施工阶段、竣工验收阶段，以及监理资料等。

由于建筑工程项目生产周期长，影响因素多，生产工艺复杂，涉及多专业、多学科、多部门，因此它的资料有分散性、复杂性、综合性，多层次、多环节等特点，建筑档案资料的形成、收集和上报要求全面和真实。

（1）施工前期有关资料

前期工作是整个基本建设过程的重要组成部分。基本建设前期工作文件是基建档案的重要内容，它包括以下几方面。

① 可行性研究文件。可行性研究，其任务是研究、论证建设项目在技术和经济方面的可行性和合理性，为编制设计任务书提供依据。可行性研究文件（如可行性研究报告、方案论证等）是基本建设工程重要的基础性文件。

② 计划任务书。计划任务书也称设计任务书，是确定基本建设项目、安排计划和进行设计的基本依据。所有新建、改建、扩建项目都必须编制计划任务书。其内容包括：建设目的、规模和依据，产品方案、生产方法或工艺原则（包括设备选型、操作技术、主要工艺路线和生产流程），资源条件（包括原料、燃料、动力、供水、运输）等。工程选址和设计原始基础资料。基本建设计划、申请报告、批复文件及各种有关的协议、合同、招标、投标文件等。

③ 申请报告、批复文件及有关决议、批示、指示、会议记录等。

④ 征用土地、拆迁、补偿文件。

⑤ 地质勘察报告、概预算。

⑥ 承发包合同、协议、招投标文件。

⑦ 建筑执照及规划、消防、环保、劳动等部门审核文件等。

（2）基本建设工程设计文件

工程设计，是基本建设活动的重要内容，它为工程建设编制和提供设计文件，用以指导施工。基本建设工程设计文件是基建档案的重要组成部分，主要包括：设计依据性文件和工程设计基础资料，初步设计或扩大初步设计文件（包括方案设计、初步设计及附图、主要设备表、概算书），技术设计文件，施工图设计文件（包括工程施工图、施工图设计说明书、计算书、预算书等）。

（3）施工阶段有关资料

建设施工，是基本建设工程的实施阶段。工程施工文件记录了施工过程的实际面貌，是基建档案的组成部分。主要有以下几部分。

① 施工准备工作文件。包括工程施工承包合同、协议书及施工执照，施工组织设计或施

工方案、工程开工报告、图纸会审记录及施工预算书等。

② 施工文件，包括建筑工程测量定位记录、建筑材料试验报告及预制构件出厂证明书、隐蔽工程施工记录、工程沉降、位移观测及变形观测记录、设计变更及工程联系单、代用材料审批文件、施工日志、竣工报告和大事记等。

（4）竣工验收阶段有关资料

① 竣工项目验收报告，包括基础工程和隐蔽工程检查验收记录；

② 竣工决算与审核；

③ 竣工验收会议文件、会议决定；

④ 竣工验收质量评定，包括工程质量检验评定及缺陷处理文件，单机试车、无负荷联动试车记录，交工验收证明等；

⑤ 工程建设总结，包括施工技术总结等；

⑥ 竣工图。

以上为一个建筑项目生产全过程产生的档案资料，数量和种类繁多，仅施工试验资料就达80多项。而资料的提供也由多个部门负责，如建筑材料、配件须由供应商提供质量证明文件。资料的存档保管部门包括施工部门、监理部门、建设部门和城市建设档案馆等，它们分别负责其中的部分档案资料的保管和利用。而在建筑物长期使用过程中，还会产生相关主体、设施的维修、保养等资料，档案资料还会随着建筑物的存在不断地增多。

7.7 科技档案的载体及其类型

科技档案与其他类型的文献相比，具有载体多样性的特点。因为科技档案是以具体内容记录和反映人类科技生产活动的原始资料，它必然会以多种形式来进行记录和反映这些活动。科技档案的载体包括常见的纸质型文献资料、光盘资料、实物、照片、影片、声像、电子档案等。近年开始的档案资料数字化工作进展很快，目前档案工作都按要求实现了计算机管理，档案资料也进行了数字化。

7.8 科技档案的分类

科技档案的分类，概括地说有两种：一种是档案实体的分类，如按年度、机构、地域、产品设备型号等；一种是档案内容的分类，如《中国档案分类法》（简称《中档法》）是以文献的内容属性为主的分类标准。GB/T 15418—2009 档案分类标引规则3.2条中规定，档案分类标引应依据《中国档案分类法》及其使用指南，同时规定对专业档案可使用行业分类表进行分类标引，行业分类表根据不同行业需要有很多种。

科技档案分类方法采用实体分类法，主要按对象和特征进行分类，包括以下几类。

① 型号分类：按产品和设备型号分类，用于产品和设备档案。

② 专业分类：按课题分类，适于科学研究档案。

③ 工程性质：按项目分类，适用于建筑工程档案。如省科技中心大楼项目，此大楼所有的档案均归属于这一项目名称之下。如果资料数量较大时，再细分成土建、结构、电气、水暖、通风等。

④ 地域分类：按档案所反映的地域特征划分，适用于各种测量，如地形测量、地质测量等。

⑤ 时间分类：按档案所反映的时间特征划分，适用于水文等档案。

档案的分类较复杂，不从事档案工作的人员不必深究。作为一线工作的技术人员了解科技档案的分类种类，有助于使用者查找档案时，清楚目录类目体系，便于查找。

档案标引一般以文件级、案卷级为单元进行分类标引。文件级适用于文书档案，科技档案等使用案卷级，即按设备型号、问题、项目等作为分类单元。

档号是以字符形式赋予档案实体的，用以固定和反映档案排列顺序的一组代码。科技档案的档号分为全宗档号和实体档号。实体档号由类目代号和项目代号组成，如某厂铣床档案档号为：

C.X2010-01

其中 C 为产品档案代号

X2010 为铣床型号

01 为保管单位序号

7.9 科技档案的检索

国家档案局发出《全国档案信息化建设实施纲要》后，经过十多年的建设，科技档案已经实现了计算机管理，档案资料数字化工作已见成效。它的出现是档案工作走上现代化的重要标志，档案计算机管理系统已有多家专业软件公司开发并投入使用，在档案工作中发挥了巨大作用，档案管理系统在档案检索上的强大功能，为广大科技人员的档案利用提供了方便。

档案的检索工具有分类目录、主题目录、专题目录、责任者目录、全宗指南、专题介绍、档案存放地点索引等。其中分类目录、主题目录、专题目录、全宗指南等检索工具是最重要的（全宗为一个国家机构、社会组织或个人形成的具有有机联系的档案整体）。按其形式分为卡片式、簿册式、缩微和机读目录。前两种是传统式的档案的检索工具。

档案计算机管理系统使用操作简便，提供多条检索途径，按提示操作即可。因档案种类繁多，且不同的档案间内容差别较大，所以可针对性地开发出相应的档案管理系统以适应需要，如人事档案、高校档案、建筑档案、设备档案、科研档案、地质档案等。因此，不同于其他文献的管理系统，档案管理系统种类较多，但总体功能是类似的。由于档案资料大多为内部使用，所以网络上的检索系统大多仅能查阅档案的主要信息及文摘，全文需到收藏档案的相关部门、公司、单位查阅。

1. 档案检索简介

按《档案著录规则》标准，案卷级条目的著录格式如下所示。

```
分类号档                              案馆号
档号                                  缩微号
正题名=并列题名及说明题名文字：文件［载体类型标识］.—密级：保管期限.—卷内
文件起止时间.—数量及单位：规格.—附注
主题词
提要
```

实际档案著录目录如下所示。

```
1090301                               031008
3-4-74-53                             64-43
关于水头区档案被烧的通报：（65）浙档字第 4 号/浙江省档案局.正本.机密；长期.-
1965.4.1-3 页：16 开+中共温州地委办公室转发平阳县办公室"关于水头区委档案被烧情况
的报告"水头区   火灾   档案保护
```

其中保管期限为对档案划定的存留年限。

可以看出，传统检索工具著录格式，与其他文献目录格式相近，但项目有所不同。其检索方式也相似。

2. 档案计算机检索

档案计算机检索以 2 个档案检索实例进行介绍。

【例 7-1】四川省科技成果档案馆 http://kjcg.scst.gov.cn:83/index.action。

此为向社会开放的档案管理系统，网络上可以使用。首页如图 7-3 所示。进入首页后使用成果查询选项，即可进入查询平台，如图 7-4 所示。查询界面左侧为检索区，右侧为成果展示区。此系统提供的检索途径有 5 条，包括常用的科技成果名称、关键词等，附加条件选项多达 9 项，方便进行精确检索。如查找超高层建筑升降平台方面的新技术成果，选择成果名称和关键词两项，进行组合检索，得出符合条件成果 1 条，如图 7-5 所示。单击后可得成果详细信息，如图 7-6 所示。图 7-5 右侧的成果展示区列出的各项成果名称，可直接单击浏览成果详细信息，如选择单击图 7-4 方框所示成果，系统给出的详细信息如图 7-6 所示。

第 7 章　科技档案信息检索

图 7-3　四川省科学技术成果档案馆首页

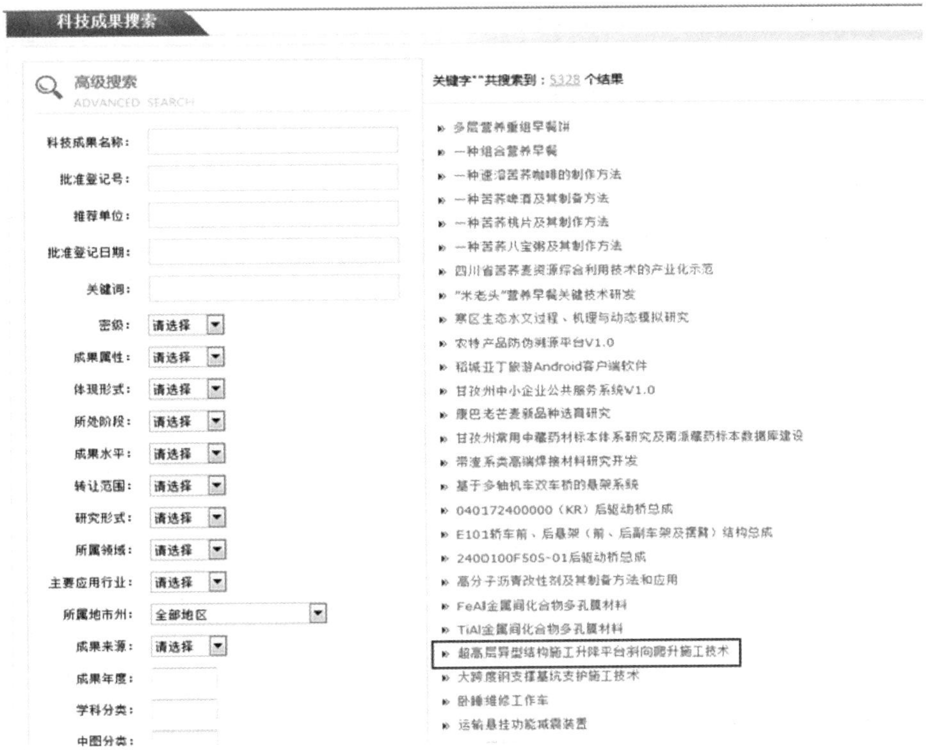

图 7-4　成果查询界面

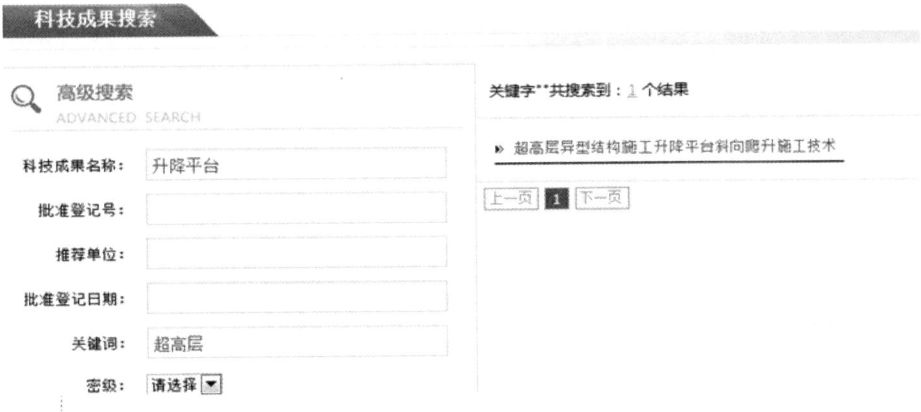

图 7-5　科技成果搜索结果 1 条

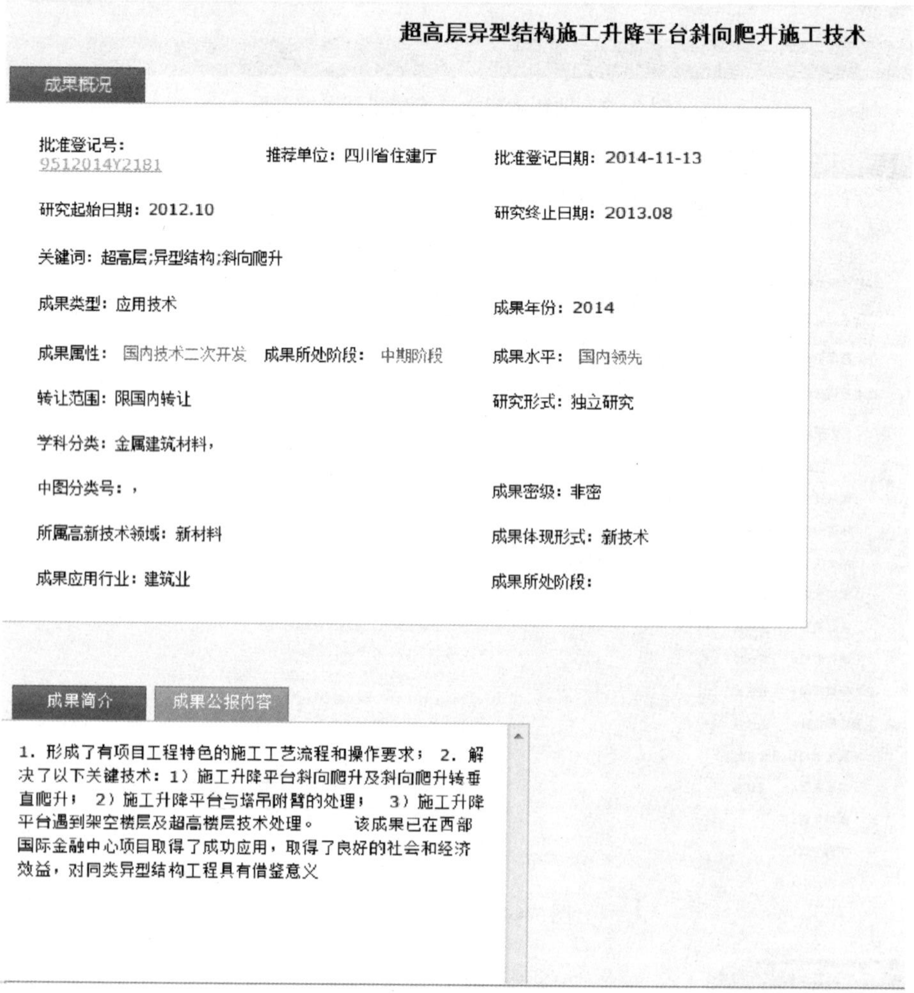

图 7-6 成果详细信息

成果详细信息包括成果的类型、属性、应用行业、保密级别、研究形式、成果水平等。

【例 7-2】某高校档案管理系统。

成都航空职业技术学院档案管理系统,此为单位内部使用的档案管理系统,不对外开放,网络上不能访问。目前各企事业单位的档案管理系统均为内部使用,不对外公开。

图 7-7 为成都航空职业技术学院档案管理系统主页。利用此系统查找成都航空职业技术学院后勤、基建部门的管理规章制度。

档案管理网络信息系统主要功能如图 7-8 所示,系统可对人事、行政、教学、科研、产品、设备、基建、声像等各类档案进行管理。

第 7 章　科技档案信息检索

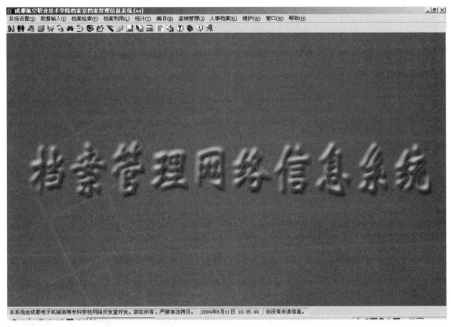

图 7-7　成都航空职业技术学院档案管理系统主页

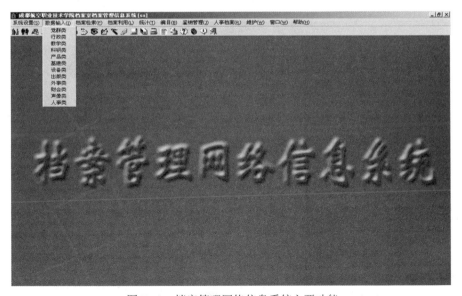

图 7-8　档案管理网络信息系统主要功能

系统提供顺序检索、组合条件检索等多种检索方法，如图7-9所示。图7-10为系统提供的档案类别选择。

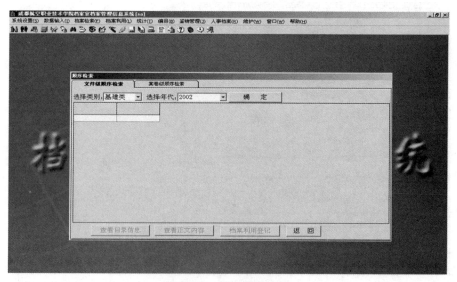

图7-9　系统检索途径

图7-10　档案类别选择

第 7 章 科技档案信息检索

图 7-11 输入档案检索条件，使用责任者条件为"后勤管理处"。

通过查找，系统检索出符合条件的所有文件，按图 7-11 所示顺序找到题目要求的管理制度，可单击查看文件主要信息，如图 7-12 所示。

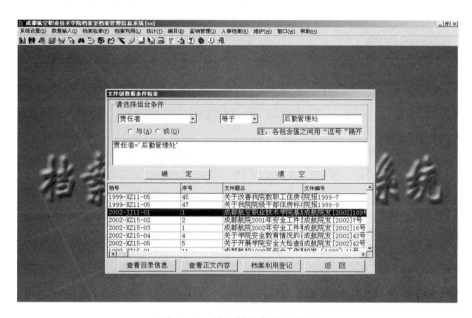

图 7-11　输入检索条件并检索

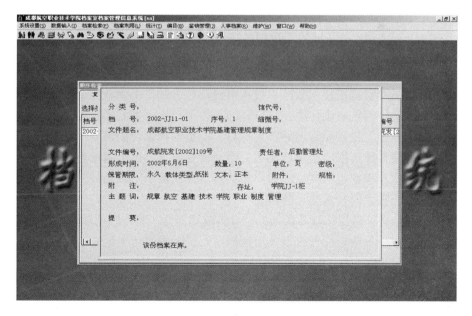

图 7-12　检索结果题录信息

如要查看文件全文，可调出文件电子文档，图 7-13 为一份电子档案全文示例，电子文档由原纸质文件扫描形成。

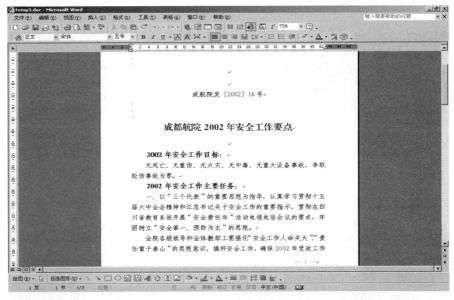

图 7-13　电子档案全文示例

系统提供多项条件组合检索，如题名、主题、责任者等。

7.10　科技档案的利用

科技档案是科研、生产、基本建设等活动的真实历史记录，是科学技术发展的重要信息资源，是国家的宝贵财富。在技术改造、技术引进及对引进技术的消化、吸收，以至洽谈、交涉解决有关技术经济纠纷等工作中，在日常的工作中，在规划的决策中，档案资料发挥着重要的凭证、依据作用。积累和管理好档案资料，既是生产建设的需要，也是国家长远建设的需要。缺乏档案资料作依据，会造成决策失误，盲目施工，返工和浪费。在实际工作中，科技档案是非常重要和极常用的文献资料，尤其是工作在生产一线的技术人员，科技档案是他们工作不可缺少的重要的技术信息源。

如设备维修前，必须查找该设备档案，查设备前期档案（购入时的随箱资料），了解设备结构、技术条件、各项参数指标。查设备后期档案，了解维修历史记录、更换零配件记录、问题处理记录等。

如设备搬移前，必须查设备前期档案，了解设备结构、安装条件及图纸、技术指标要求、注意事项等。设备后期档案了解设备使用中情况。查找相关建筑档案，了解建筑结构情况、地面、地基承重情况、电气线路及荷载情况等，任何一个小问题都可能使设备运转不正常，如某公司设备安装忽视地基条件，安装后设备精度始终达不到要求，无法使用。

如道路开挖前，必须查阅地下管线铺设情况，了解地下管线的性质、类型、位置、所属部门，才能避免盲目开发造成燃气泄漏、水管泄漏、通信中断等重大事故和损失，而这些信息只能在相关档案部门获取。

如建筑企业的档案实行的是专门化和分散化两种模式管理方式，对企业有综合影响的实行专门化管理，其他的则实行分散管理，技术人员应该清楚掌握资料去向及保存管理的部门，以便及时上报和查找。

而在楼宇建筑改造前，必须清楚掌握该项建筑基础、墙体、屋面、结构、承载，强弱电通信线路，给排水通风管道，电梯、空调设备等，使用情况、维修情况等全部信息，这些信息也只能在档案资料中获取。

综上所述，技术档案包含的信息非常庞大、琐碎、繁杂，但唯有技术档案才会详尽、真实、准确地记录本单位技术活动的全部痕迹，档案中相当大的一部分信息资料也是其他任何文献信息中很难查到的，它具有唯一性。

一个新进入职场的大学生，一个调入新单位的技术人员，在进入新工作岗位时，应首先了解和掌握单位的技术历史全貌，其最详尽提供这些信息的就是技术档案，所以凡是接受新岗位或者进入新单位的人员都应阅读、了解本单位的技术档案，掌握相关信息和规定。

科技档案的收集整理和服务，大多由各单位相关部门负责开展，且以收集本单位相关档案为主。由于档案的专业性及保密性特点，科技档案在使用人员范围上有一定的限制，大多为仅供本单位内部使用，各单位间少有交流，这一点与其他文献的资源共享概念不同。同样，科技档案数据库基本不在互联网上开放供读者使用。

在我国的社会主义建设中，科技档案起着十分重要的作用，档案是国家的宝贵财富之一，国家和政府十分重视技术档案工作，下达了多项有关规定，规范健全档案工作。本章学习的主要内容和任务是：科技档案对一线技术人员的作用和意义，科技档案作为重要的技术信息源的认知，明确技术人员对科技档案健全的义务和责任，明确科技档案的检索、利用方法。

第 8 章

网络开放资源

网络开放资源是近年来人们广泛利用的一类资源,由于它类型多样、数量巨大、存在分散,内容覆盖社会所有成员的各类不同需要,无论是专业学习还是娱乐休闲,均有涉及,而且使用不受限制。所以,已经成为人们重要的文献信息源之一,本章有选择地介绍部分有助于终身学习的信息源。由于网络资源一直处于动态变化中,不断有资源产生和消失,所以本章以启发引导式进行介绍,以认识网络开放资源,激发对网络开放资源信息敏感度,提高网络开放资源利用意识为目标。

网络开放资源大致可分为两种:一种是单纯的开放获取资源,它的资源对所有人员开放,使用者可免费浏览下载,其资源由主办方提供,经过审核有针对性地组织信息进行发布,这类资源平台不接受其他作者作品上传,如政府、行业部门网站等,是一种单向通道资源平台;另一种是开放存取资源,它的资源对所有人员开放,但它接受作者上传自己的作品,并提供上传渠道,对作品进行一定的审核,简单地组织,这类平台对作者和使用者来说,既可上传作品与他人分享,就是所谓的"存",同时也可免费查找、阅读、下载、复制获取他人的资源,就是所谓的"取",如百度文库等,是一种双向通道资源平台。两种开放资源,获取和存取一字之差,但区别还是较大的。

网络开放资源的内容涉及各个领域,种类繁多、数量巨大,由于其免费使用不设门槛,内容实用,特别是政府行业部门的开放获取资源,具有数据信息准确、可靠、权威、更新快等特点,得到人们的高度赞扬,成为查找、索取该类资源的首选。而开放存取资源,也由于其内容丰富、使用方便,符合当代社会信息资源共享潮流,成为近年来发展最快,同时得到社会各界群体成员接受并广泛利用的一类资源。

网络开放资源的文献类型多样,来源广泛:既有期刊文献、专著、参考文献、技术报告等学术性强、内容专深、编写严谨的出版文献,也有工作总结、心得体会、经验记录等浅显、贴近生活工作实际的短小非正式出版物;既有视频、音频、PPT、图片,也有各种文档。加上它高度开放的获取方式,得到了人们的认可,成为新就业、职场工作人士查找资料、学习的首选资源;成为人们在自我更新、自身提升、终身学习过程中的首选资源;成为人们为适应社会科技进步发展对社会劳动成员素质、水平、能力要求提升的首选资源；网络开放资源在社会劳动成员信息需求中承担着主要资源的角色。

8.1 网络开放资源的特点

网络开放资源的特点主要表现在以下几个方面。

1. 高度开放，获取便捷

网络开放资源多具有获取高度便捷的特点，这是由它本身的特质决定的。网络开放资源之所以称为网络开放资源，开放二字标明了它的这一特性。开放资源系统平台对所有有需求阅读利用其资源的用户开放，下载资源只需注册即可，有些甚至无须注册。而开放存取资源平台，其存取二字也标明了开放作品上传通道，作者可以相当便捷地上传个人作品文献与他人分享。如百度文库、道客巴巴等均是注册即可进行资源的查找、上传、阅读、积分下载。

2. 资源类型的丰富性

网络开放资源的丰富、多样性特点，体现在它几乎包含了现代文献信息的所有类型，虽然目前商业文献数据库已经向文献类型综合多样化发展，但其资源类型仍无法与网络开放资源相比，网络开放资源不仅包含了图书、期刊、学位论文、标准、专利、视频、图片等，还包含了许多文档、公文资料、PPT、源代码、模拟模块、软件系统等。

3. 时效性

网络开放存取资源以网络计算机作为出版技术平台，作品提供者、编辑与读者间实现互动式交流，文献处理时效性强。相对正式出版的文献，从收稿到出版至少几个月时间来说，其时效性强的特点十分突出。

4. 实用性

正式出版发行的文献资料，在文献选题、内容上要求内容专深、新颖，观点、论点明晰，文章结构严谨，文字数量、版面格式等都有较高要求，因此大量一般生活工作中产生的实用性很强的记录性文章、普通的实用文档，如生产工作中产生的属于一次性文献的工作记录、经验总结、公文写作、操作技巧、心得体会、问题处理记录等不上学术档次但实用性极强的资料不能入选，形成了一个实用性资料空白，而这类文献恰恰是职场人员、特别是新入职人员重要的常用参考资料。由于网络开放存取资源上传不设门槛限制，使得这部分不可能正式发表，人们难于获得的有用资料在此大量收存，弥补了这个实用性资料空白，成为不可多得的宝贵资源。

5. 便捷性

网络开放资源系统平台一般不设限制和门槛，普通浏览阅读甚至不需要注册即可使用，非常方便。同时提供多种阅读方式，可以免除阅读费用，真正做到了开放共享。

网络开放资源虽然具有许多优势，但也存在许多不足之处。

6. 质量良莠不齐

质量良莠不齐是因为相当部分网络开放存取资源平台是由作者自由上传，并不进行学术上严谨的审核，特别一些普通资料，仅是工作中的记录和体验，个人意识、主观看法很强，难免有片面性、不准确、不成熟等，需要由阅读下载人员自行判断、选择，但其中不乏有大量非常实用且宝贵难得的一次性文献，包括整篇文献、部分章节，甚至几个观点、几个数据、几个现象、几个过程等，需要用淘宝的精神从中发掘。而政府部门、行业学会等的开放获取资源网站，其资源质量高，发布严谨，具有权威性。

7. 检索功能不强

大多数免费开放文献资源平台仅提供简单的检索，其检索途径单一，通常仅提供关键词、名称等一二种检索途径，大多不能进行稍有深度的组合检索等，因此很难进行深度精确检索。但少部分政府、行业部门的免费开放资源网站，提供有功能强大的检索平台。

8. 资源收藏不齐全、不配套

相当一部分开放存取资源平台，由于作者个人上传，全凭作者意愿，自由度很大，主办者也很难进行资源整体规划控制，存在文献配套齐全问题，文献长期保存也依靠网站经营状况，并无保障。但政府部门的开放资源网站，其资源收藏的非常齐全、完整，且配套。

9. 重复收藏

与上面原因相同，作品重复上传现象也不少见。特别是开放存取资源网站，重复包括不同网站间资源重复，同一网站内资源重复，同一网站内多篇文献内容相似、雷同等，需要使用者自行甄别。

10. 版权问题

这是一个存在于开放存取资源平台，且困扰其生存发展，目前尚没有得到彻底解决的问题。一些作者的作品正式出版发行，版权一般归属于出版部门，但一些作者将写作过程中的草稿上传，或者是出版后以个人作品名义上传，虽属于个人行为，责任在作者，但就版权法来说，应属于版权保护范围。此外，也存在将他人作品上传的现象。但对于众多没有正式出版发行上传的作品，不存在版权问题，属于作者自愿将本人作品上传与他人分享的行为。

无论有多少的不足，网络开放资源的优点，如实用性、共享性、便捷性都得到了人们高度的肯定，目前使用群体非常广泛，特别如百度文库这样的搜索引擎自带在线互动式文档分享平台，已经成为人们优先选择、广泛使用的一类资源。

8.2 网络免费资源介绍

网络开放免费资源种类很多，提供这些资源的网站一些是专业主营资源的网站，但大多数为一些门户网站自带资源，并非为主营业务，需要使用者淘宝式下功夫寻找、挖掘。

下面以学习、参考使用为目的，介绍部分免费开放资源网站。

8.2.1 政府部门网站

政府部门网站是非常有用、价值很高的网络信息源，网站提供的资源信息内容正规、可靠、准确、权威，且有许多其他渠道不易获得的信息，比如政策、数据等，应当加以特别关注。各级政府和部门的网站众多，下面仅选部分为例介绍。

1. 广东省统计局的统计信息网站（http://www.gdstats.gov.cn）

该网为广东省统计局官网，网站提供本省统计方面的资料、数据，包括法律法规、资料、条例、解释等。其资源栏目如图8-1所示。其统计资料和统计数据为权威资料数据。

图8-1　广东统计信息局统计信息网站资源

2. 中华人民共和国国家统计局国家数据中心（http://data.stats.gov.cn/）

该网为国家统计局数据中心官网，提供国内各行业各地区历年各类数据，是最齐全、准确、权威的统计数据信息源。图8-2为国家统计局数据中心提供的国内旅游业历年统计数据。

3. 中华人民共和国交通运输部（http://www.moc.gov.cn/）

此为中华人民共和国交通运输部官网，除提供本行业业务管理及相关知识外，下载中心还提供相关资料下载。图8-3为下载中心页面。图8-4为网站提供的高级检索页面。

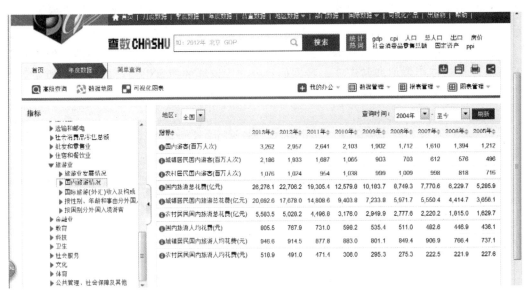

图8-2　国家统计局数据中心提供的国内旅游业历年统计数据

图8-3　交通运输部下载中心页面

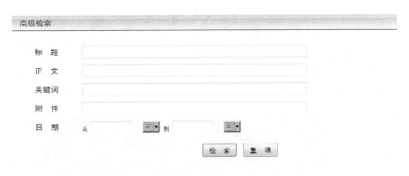

图 8-4　交通运输部网站高级检索页面

8.2.2　中文在线共享文档

网络在线共享文档网站，是使用和提供者将计算机中的文档（文字、表格、幻灯片等）上传网站储存，并与其他用户分享的网站。这类网站一般提供文档在线预览、下载及嵌入服务（将文档预览界面嵌入其他网页）。由于它以文献信息资源为主业，包含了前面所述的开放存取资源的特点，成为开放存取资源网站的代表，拥有了最广泛的用户，成为人们学习、参考下载文献的首选资源网站。比较著名的如百度文库、道客巴巴、新浪爱问、豆瓣、豆丁网和 Google 等。

1. 道客巴巴（http://www.doc88.com）

（1）道客巴巴简介

这是一个以文献数据收藏利用为主业的网站平台。道客巴巴在线文档分享平台的口号是：致力于为数亿互联网用户打造自由交流与平等学习的开放式互动平台。目前收藏文档数量已经超过 2 亿，事实也确如口号所言，道客巴巴已经成为国内在线共享文档平台的代表之一，受到使用者的肯定。

（2）资源简介

道客巴巴对收藏的文档按分类组织，先按类型初分，同类型下再用行业细分，再列出文档目录。文档分类情况如图 8-5 所示。

图 8-6、图 8-7 显示的是分类文档中的技术资料，从中可以发现，此类文档中包括了技术总结、分析报告、实验数据、实施方案、会议报告等其他途径难于得到的资料。打开实施方案也可看到，收录有施工技术方案、策划方案、技术措施、企业档案等实用性资料。打开

图 8-5 道客巴巴文档分类

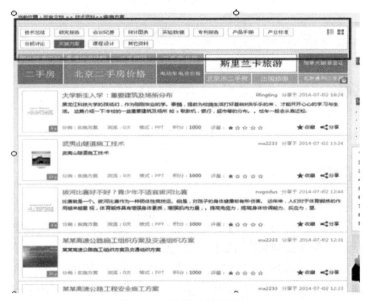

图 8-6 文档资料目录 1

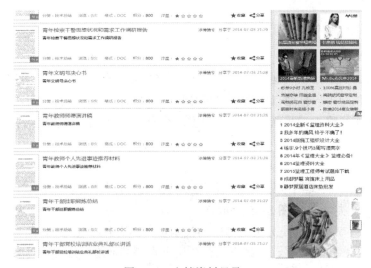

图 8-7 文档资料目录 2

技术报告可以看到收录的文档有总结、讲稿、决心书等属于一次性文献的极实用的文档,这在商业文献数据库是没有收录的,但对于普通工作人员而言是参考价值较高的一类文档。极高的实用性是赢得普通工作人员喜爱并使用在线共享文档平台的主要原因。

(3)典型资源类型

同其他在线文档平台相同,道客巴巴的文献资源类型也很丰富,如文档、PPT、图片等,如图8-8所示。图8-9为文档全文,在屏幕右侧提供有相似文档,方便扩大参考范围。

图8-8 道客巴巴的PPT类文档

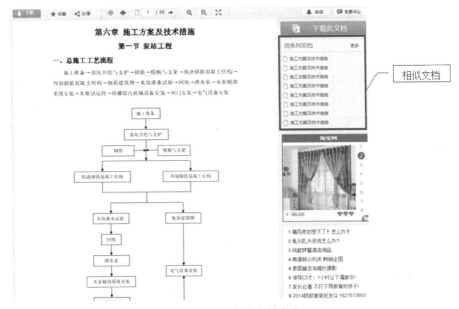

图8-9 文字类文档全文

(4) 文档搜索

同其他在线分享文档平台一样，道客巴巴的文档搜索功能比较简陋，方式有两种：一是在搜索框中输入相应关键词；二是选择分类类目，单击后展开该类目下的文章题录信息，选择后可查看全文，如图 8-10 所示。

图 8-10　道客巴巴的文档搜索分类类目

需要说明的是，这类系统平台的分类质量不高，致使检索效率不高。原因一是分类由作者参与，作者对分类的理解有限，对正确的分类技术难以掌握，对文档主题内容的理解把握不高，致使分类质量不高，主办方也很难控制，因此分类随意性很强。二是许多文档内容复杂，涉及多个类目，确实难以确定归入何类。三是使用者对文档分类的理解与作者分类的匹配度有差异。

道客巴巴在每篇文章旁边都提供有相似文章的列表和链接，供使用者参考，部分弥补了检索功能的不足，见图 8-9。

(5) 使用

道客巴巴文档网络浏览无门槛限制，开放式首页，按需要和提示单击查找阅读全文。但下载需要注册，并按资源情况作一定限制，如收取积分等。积分可通过上传文档，供他人浏览上传的文档等方式免费获取，也可通过充值获取。

2. 其他在线共享文档资源简介

类似于道客巴巴的在线共享文档平台还有百度、豆丁、Google 等。它们收藏的资源和使用方式相似。

(1) 百度文库（http://wenku.baidu.com/）

这是目前国内著名的共享文档资源产品。百度的产品阵容强大，资源丰富，由百度搜索引擎与百度文库、百度百科、百度知道、百度阅读、百度学术等一系列资源的相互配合，成为网络资源与利用最多的主力共享平台。百度文库是百度打造的在线互动式文档共享平台，目前已收录上亿份文档资料，包括课件、习题、论文报告、专业资料、公文、法律法规、政策文件等，是目前使用量最大的一个在线文档资源库。其检索方式一是分类浏览，二是关键词检索。百度文库可按文档格式进行选择，如图 8–11 所示。

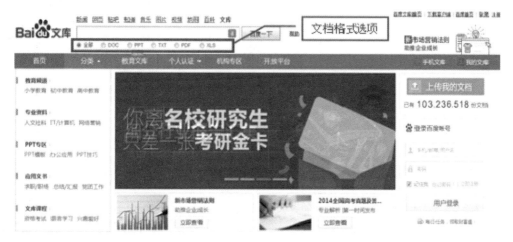

图 8–11　百度文库文档格式选项

（2）豆丁网（http://www.docin.com/）

豆丁网创立于 2007 年，号称全球最大的中文文档网站，为用户提供一切有价值的可阅读之物。一切有价值的阅读之物，意为包括了所有人、所有感兴趣的文档，可见其收藏的文档范围极广。豆丁网可提供免费在线浏览。

同道客巴巴和百度文库相同，豆丁网对文档也进行分类和简单搜索。分类类目以方便使用为原则，按用途、对象、行业、层次等多种情况设置，如图 8–12 所示。豆丁的文档全文如图 8–13 所示。文档全文右侧也显示相似文档名称供参考，扩大了检索结果范围。

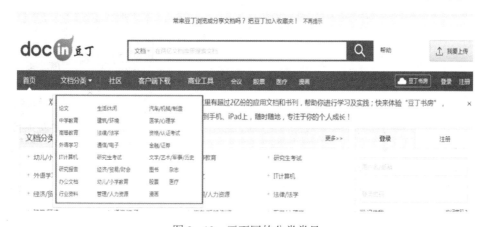

图 8–12　豆丁网的分类类目

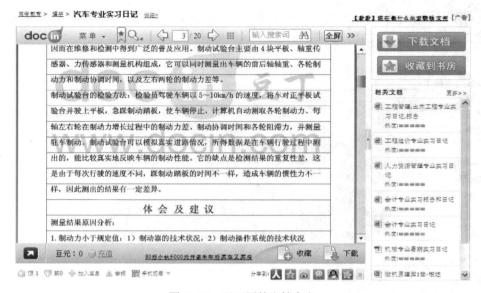

图 8-13 豆丁网的文档全文

8.2.3 行业网站

除政府网站外，行业学会网站也提供大量有用的文献资料。

1. 筑龙网（http://www.zhulong.com）

该网是建筑行业著名网站，网站有大量建筑行业实用资料，涉及图纸、标准、方案、工艺等，其资料馆收藏资源丰富，并提供简单的关键词检索。筑龙网设有活跃度很高的论坛，是行业内技术人员利用率很高的网站。如图 8-14 和图 8-15 所示。

图 8-14 筑龙网首页资料一览

2. 机经网（http://www.mei.net.cn）

中国机械工业联合会是综合性行业协会组织，图 8-16 为网站主页，从主页栏目上可见其信息丰富。图 8-17 为站内机械百科栏目。

第8章 网络开放资源

图 8-15 筑龙资料馆资源及检索

图 8-16 中国机械工业联合会网站

图 8-17 机械百科栏目

8.2.4 公开课、开放课、精品课、慕课

近年来火爆的公开课、开放课是基于资源共享原则,在开放大学团队的主导下,通过网络公开供学习者学习的课程。这些课程都经过课程团队的精心选择、组织和打造,由优秀的教师或者学者授课,如著名的网易公开课、耶鲁大学等一批世界名校公开课等,现已有 200 多个国家和地区参与者成为网络公开课建设,一些网站和数据开发商也在从事公开课的建设。可以说目前的网络公开课已经覆盖了相当多的学科,在内容、形式、讲授上都以高质量、高水平、精品面貌呈现给广大学习者,是自主学习的极佳资源。

我国的精品课、开放课建设是教育部在前阶段精品课程建设基础上,为加强优质教育资源开发和普及共享,进一步提高高等教育质量,服务学习型社会建设,组织国内高等院校利用现代信息技术,开展的一项国家精品开放课程建设工作。开放课经过几年的建设,已经有一大批课程建设完毕,投放在网上供学习者使用。

开放课、精品课的最大特点是,给学习人员极大的自由度,学习人员可以自由选择课程,自由掌握学习时间、学习地点,选择不同风格的教师,选择学习的尺度。

开放课、精品课、慕课资源是质量极高的精品资源,在各高校网站上都有提供。

近年红火的慕课则是一种大规模分享合作式在线网络课程。

1. 中国大学慕课(http://www.icourse163.org)

它提供 30 多所大学的慕课,首页如图 8-18 所示。若选择北京大学慕课,可自行选择课程和教师,如图 8-19 所示。

图 8-18 中国大学慕课网首页

第 8 章　网络开放资源

图 8-19　北京大学慕课课程、教师介绍

2. 慕课网（http://www.imooc.com）

这是一个 IT 技能学习平台，针对学习 IT 技能人员所设，其开设课程情况如图 8-20 所示。

图 8-20　慕课网课程展示

3. 国家精品课程资源网（http://www.jingpinke.com/）

国家精品课程资源网是由国家教育部主导推动的国家级精品课程集中展示平台，汇集了

海量国内外优质教学资源，网站上可博览全球众多高校、企业的开放课程，包含资讯、视频、课程、资源、教材等各类资源服务项目，并提供相关资源的免费检索与下载。图 8-21 为网站主页，图 8-22 为课程中心界面。

图 8-21　国家精品课程资源网主页

图 8-22　国家精品课程资源网课程中心界面

8.2.5　标准

标准属于特种文献之一，我国国家强制性标准可免费下载全文阅读，其他标准实行收费使用。但部分网站提供标准全文免费下载，如行业、部门网站对本行业、部门标准提供免费下载，一些共享资源网站也有网友上传资源共享，但上传标准数量较少，且网站提供的检索功能平台较简陋，查找不方便。

1. 标准搜搜网（http://www.bzsoso.com）

这是一个标准资源共享平台，特点是可获得标准全文。其检索功能较弱，只提供了类别和年代类聚。试选择行业标准的第一条下载，可得到标准全文。如图8-23和图8-24所示。

图8-23　行业标准

图8-24　标准全文

2. 标准免费下载网（http://www.bzmfxz.com）

其功能和模式类似于标准搜搜网，以行业标准资源为特长。其首页如图8-25所示。

图 8-25 标准免费下载网首页

3. 海南质量技术监督局（http://qtsb.i0898.org）

省政府部门官网，网站内提供本省地方标准供免费下载，类似的网站均可提供查找地方标准资源。如图 8-26 所示。

图 8-26 海南省质量技术监督局地方标准信息

8.2.6 外语学习

外语学习网站很多,用百度教育搜索"英语免费在线学习",可搜索结果出很多条,针对不同层次、对象、需求的学习网站,但大多数网站包含需要付费学习的项目。

1. 可可英语(http://www.kekenet.com)

可可英语创办于 2005 年,是一个集实用性、互动性、娱乐性于一体的专业公益性英语学习平台。可可英语的资源非常丰富,资源包括英语听力资讯和听写训练、英语口语学习节目、精美文章和双语讲解的英文名著、英文歌曲和双语字幕电影、最新的影视资讯和影视学习,可体验个人空间、学习群组、相册、背单词、在线测试等功能。资源如图 8-27 所示。

图 8-27 可可英语资源

2. 英语之家(http://www.enxxw.com/)

它隶属于意大利华人网 http://www.huarenwang.com,提供各类外语学习,如法语、西班牙语等,如图 8-28 所示。

图 8-28 英语之家资源

3. 普特英语听力网(http://www.putclub.com)

该网创建于 2001 年,隶属于成都维基科技发展有限公司,是目前中国最大的英语听力训练社区,以研究生、本科生和青年教师的英语学习为主,2012 年又开发了普特教育网。课程需要付费,但有许多资源可免费使用。普特英语听力网资源如图 8-29 所示。

图8-29 普特英语听力网资源

8.2.7 会议资料

会议资料是了解科技技术发展水平、最新动向、参考价值高的一类资料，一般由参加会议人员撰写，会议主办者汇集发布，是较难获得的一类珍贵资料。

1. 中国学术会议在线（http://www.meeting.edu.cn/meeting）

中国学术会议在线是经教育部批准，由教育部科技发展中心主办，面向广大科技人员的科学研究与学术交流信息服务平台，是专业会议信息的网站。提供学术会议信息预报、会议分类搜索、会议资料发布、会议视频点播、会议同步直播等服务，是了解最新高端科技信息的平台，其资源见图8-30。

图8-30 中国学术会议在线资源

2. 其他会议资料源

各行业、部门、公司企业、院校等会议主办单位网站均有提供。如：世纪电源网 http://www.21dianyuan.com/，论坛有召开的历届行业学术会议资料。

本章仅介绍部分网络上的开放资源，选择的网站和实例并不一定是最著名和最典型的，在此仅为引导大家发现和寻找网络资源，寻找出最适合自己的、对个人最有用的资源，就是最好的。

网络上新资源层出不穷，资源共享也已成为全社会的共识和大趋势，关注和发现新资源，收集并加以长期积累，使之成为终身学习求教的贴身老师和随手可取的知识宝库，这点非常重要。

参 考 文 献

[1] 孙平. 科技信息检索. 北京：清华大学出版社，1997.
[2] 和正荣. 信息检索与利用工作之便. 重庆：重庆大学出版社，2000.
[3] 汪育健. 信息检索与利用. 北京：世界图书公司，2003.
[4] 陈英. 科技文献信息检索. 成都：成都科技大学出版社，1996.
[5] 张明珍. 网络信息检索原理与技术. 成都：电子科技大学出版社，2001.
[6] 汪继英. 文献信息检索与利用. 成都：四川人民出版社，2002.
[7] 任胜国. 文献信息检索教程. 北京：北京图书馆出版社，1999.
[8] 王梦丽，张利平，杜慰纯. 信息检索与网络应用. 北京：北京航空航天大学出版社，2001.
[9] 储荷婷，张晓林，王芳. Internet 网络信息检索：原理、工具、技巧. 北京：清华大学出版社，1999.
[10] 彭海清. 世界专利索引查阅法. 天津：天津科学技术出版社，1986.
[11] 刘尚毅，卢艳霞. 现代信息检索教程. 北京：人民邮电出版社，2013.
[12] 罗观祥. 专利与专利文献检索. 广州：华南理工大学出版社，1996.
[13] 王丽萍. 文献信息检索与利用. 广州：华南理工大学出版社，2013.
[14] 陈志宏. 论失效专利的成因及开发利用. 情报检索，2002（2）.
[15] 王立诚. 失效专利的获取与利用. 现代情报，2001（1）.
[16] 陈志宏. 论失效专利的成因及开发利用. 情报检索，2002（2）.
[17] 胡锦. 国内外标准检索手册. 北京：超星图书，SS 号 010493.
[18] 王伟宇. 科技档案管理学. 北京：中国人民大学出版社，2002.
[19] 中国机械工业教育协会. 档案管理学. 北京：机械工业出版社，2003.
[20] 游浩. 建筑资料员专业与实操. 北京：中国建材工业出版社，2015.
[21] 吴广平，向阳. 科技档案实务. 北京：北京大学出版社，2013.
[22] 周贞贤. 资料员专业知识与实务. 北京：中国环境科学出版社，2010.
[23] http://www.google.com/2004-02/20040206234609.html.
[24] http://library.suda.edu.cn/xxfw/EI.htm.
[25] http://lib.buaa.edu.cn/electry/YINJIN/OCLC.HTM.
[26] http://159.226.100.40：8080/las/index.jsp.
[27] http://www.hiyp.net/pagebook/default.asp.
[28] http://www.zhengcompany.com/cn-search-engine-china/baidu.htm.
[29] http://www.blogchina.com/new/display/16358.html.

[30] http://www.21cnbj.com/industrynews/se_doc/altavista.htm.
[31] http://www.googlebaidu.com/searcher/se-alt.htm.
[32] http://www.lib.zjut.edu.cn/e_book/superstar2.htm.
[33] http://www.21dmedia.com.
[34] http://www.lib.cug.edu.cn/dzzy/oclc-zn.htm.
[35] http://www.chinastandard.com.cn.
[36] http://www.cnpatent.com.
[37] http://www.qdda.gov.cn/dayd/dazs1.jsp.
[38] http://www.tydata.com.
[39] http://www.calis.edu.cn.
[40] http://www.cnki.net.
[41] http://www.sogo.combzmfxz.com/biaozhun/Soft/.
[42] http://www.seo.org.cn.
[43] http://www.gdstats.gov.cn.
[44] http://data.stats.gov.cn.
[45] http://www.moc.gov.cn.
[46] http://www.doc88.com.
[47] http://wenku.baidu.com.
[48] http://www.docin.com.
[49] http://www.zhulong.com.
[50] http://www.mei.net.cn.
[51] http://www.imooc.com.
[52] http://www.icourse163.org.
[53] http://www.jingpinke.com.
[54] http://www.bzsoso.com.
[55] http://www.bzmfxz.com.
[56] http://qtsb.i0898.org.
[57] http://www.kekenet.com.
[58] http://www.enxxw.com.
[59] http://www.putclub.com.
[60] http://www.meeting.edu.cn/meeting.
[61] http://www.21dianyuan.com.